Property Law

物權法
實例研習

劉昭辰 著

三民書局

國家圖書館出版品預行編目資料

物權法實例研習／劉昭辰著.－－初版一刷.－－臺北
市：三民，2013
　　面；　公分

　ISBN 978–957–14–5833–5　（平裝）

　1.物權法 2.論述分析

584.2　　　　　　　　　　　　　　　　102015510

©　物權法實例研習

著 作 人	劉昭辰
責任編輯	王嘉瑜
美術設計	郭雅萍
發 行 人	劉振強
著作財產權人	三民書局股份有限公司
發 行 所	三民書局股份有限公司
	地址　臺北市復興北路386號
	電話　(02)25006600
	郵撥帳號　0009998–5
門 市 部	(復北店)臺北市復興北路386號
	(重南店)臺北市重慶南路一段61號
出版日期	初版一刷　2013年10月
編 　 號	S 586160

行政院新聞局登記證局版臺業字第○二○○號

有著作權‧不准侵害

ISBN　978–957–14–5833–5　（平裝）

http://www.sanmin.com.tw　三民網路書店
※本書如有缺頁、破損或裝訂錯誤，請寄回本公司更換。

▶ 序 言

　　有讀者反應，在讀過本實例研習系列之後，才真的理解如何使用法律條文。如此的反應及結果，正是作者寫作本實例研習系列叢書的動機所在，因為法律的學習首重將法律條文運用於實務案例解決，而不是用於考試，也不應為追求學術而僅專注於學理討論，但卻忽略將法律條文運用於實際案例解決的能力。有鑒於讀者的反應是本系列寫作的動力，因此作者當然歡迎讀者繼續對本實例研習系列叢書，提供指正及鼓勵，請郵寄：Erwin@nchu.edu.tw。

　　在寫作過程中，作者發現物權法範圍之廣，超乎想像，惟基於篇幅限制，對於一些重要的問題，例如融資性租賃 (Leasing) 或是地上權等等，都無法有例題研習的機會，實是遺憾，就待日後加以補齊。本書的完成，必須感謝中興大學研究生鄭景仁、臺灣大學研究生邱意及臺北大學研究生劉芷瑄的校稿，以他們在校稿過程中所展現出來的法律訓練，深信他們日後必會在律師執業生涯中，璀璨發亮。同時也感謝曾參與作者在世新大學及中興大學物權法課程的學生所提供的意見，當然也感謝太太玫杏及兒子如意所給我人生最寶貴的幸福。

　　最後謹以本書對謝在全大法官在我國物權法上無可取代的貢獻，致上最大敬意。

劉昭辰

2013 年 10 月

於中興湖畔

物權法實例研習

目次

序 言

參考書目

第一章

占 有

例題 1 【占用騎樓】——占有的保護

　　A 擁有一棟騎樓式房子，而鄰居 B 卻常常利用該騎樓擺攤作生意，A 總覺得有礙觀瞻且妨礙自己進出，屢次規勸 B，B 都不理睬。

1. A 可否自行拖走 B 的攤位？
2. A 拖吊攤位後，可否向 B 主張拖吊費用？

說 明

　　物權法對於占有的保護功能之一，即是在簡化對所有權的保護，因此所有權人往往可以藉由占有的直接保護，而獲得最快速的救濟。

擬 答

1. A 可以主張自行拖吊 B 攤位，可能考慮的條文如下：

⑴民法第 149 條的正當防衛

　　如果 A 可以主張民法第 149 條的正當防衛，則其自行拖吊 B 攤位的行為，就不具不法性。而民法第 149 條正當防衛的主張，必須以他人或是自己的權利受侵害為必要；至於社會法益的受侵害，卻不能構成 A 主張正當防衛的理由，因為只有公權力機關才可以主張社會公共法益受侵害的正當防衛，個人並無得主張❶，所以 A 不能以有礙觀瞻為由，對 B 的擺攤行為主張民法第 149 條的正當防衛。因此本題可以考慮的僅是 A 有無自己的權利受侵害？但因為 A 仍可以使用其房子，即使進出不便，但卻也還有進出的可能，故難謂 A 有房子所有權的使用權能或是人身行動自由法益受侵害可言❷。

　　至於 A 可否因進出不便，而主張房子的占有受妨害，對 B 的擺攤行為行使正當防衛？本題擬答以為，固然民法第 149 條的正當防衛，原文以「權利」受侵害為必要，而占有卻只是一事實，並非權利，但由民法第 960 條

❶　BGH 64, 179: 除非是國家生存利益受侵害。

❷　不同意見，van Venrooy, JuS 1979, 102。

對占有妨害設有「己力防禦」的規定觀之，占有人以己力排除占有妨害，不乏有其法律上的根據及正當性，故不應排除占有人也可以主張民法第149條占有受妨害的正當防衛才是。只是依通說見解❸，民法第960條第1項規定是民法第149條正當防衛的特別規定，故本題就不再討論民法第149條。

⑵民法第151條的自力救濟

民法第151條是針對實現「請求權」的自力救濟規定，故不同於具有正當防衛性質的民法第960條第1項占有保護規定，因此通說❹以為，該條文和占有保護規定乃處於聚合關係，而非是特別規定關係，故不排除本題A可以主張民法第151條，以自力救濟實現「請求」B除去占有妨害。只是民法第151條要件頗為嚴格，要求必須是「不及受法院或其他有關機關援助」，明顯不符合本題事實。

⑶民法第960條第1項

根據民法第960條第1項規定，占有人對於妨害其占有之行為，得以己力防禦之。本題B將攤位擺設於A的騎樓下，造成出入不便，雖尚不至於構成「侵奪」A房子的占有，但卻構成A對房子占有的妨害，因為凡是造成占有人對占有物行使事實管領力的阻礙，就是「妨害」占有❺，因此A可以根據民法第960條第1項，以己力排除B的擺攤行為。

問題是，A得否主張B的擺攤行為，也構成對其騎樓占有的妨礙？騎樓在法律上的性質，一直是個難題，因為騎樓所有權雖屬房子所有權人，但根據道路交通管理處罰條例第3條第1款及第3款規定，卻是將騎樓納入「道路」及「人行道」之範圍，限制騎樓屋主的使用權限，因此騎樓屋主有無對騎樓擁有事實管領力，故為占有人？不無疑問。本題擬答以為，雖然占有是一事實，和占有人對物有無使用權限無涉，但因為法令已將騎樓視為公共道路，而令所有用路人可以合法自由使用騎樓，依此即不宜再

---

❸　Jauernig, §859 Rdn. 1.

❹　MünchKomm/v. Feldmann, §229 Rdn. 1.

❺　謝在全，《民法物權論（上）》，第182頁。

認定騎樓所有人對於具有公共道路性質的騎樓，擁有完整的事實管領力，否則屋主即不無違反道路交通管理處罰條例相關規定之虞。但不排除屋主確實會有以明確的客觀行為，清楚表達其對騎樓進行占有的情形，例如屋主在騎樓放置障礙物致使他人無法任意通過騎樓等等，否則惟就一般而言，尚難概括認定騎樓屋主對騎樓具有事實管領力的占有地位，因此本題 B 也並無妨害 A 對騎樓的占有可言。

此外，民法第 960 條第 1 項的占有妨害排除，不同於民法第 151 條的自力救濟，不須以「不及受法院或其他有關機關援助」為必要，也不同於民法第 960 條第 2 項的「自力取回占有」，受限於必須是在侵奪占有行為完成後，占有人立刻發現始能為之❻，對於占有人的占有保護而言，是一相當有利的條文。

⑷民法第 176 條第 1 項、第 174 條第 2 項

A 可能可以根據民法第 176 條第 1 項的正當無因管理，而排除拖吊 B 攤位行為的不法性。雖然該拖吊行為明顯不符合 B 的意思，但根據民法第 174 條第 2 項，不佔用騎樓設攤自是屬於本人應盡的公益上義務，所以不排除 A 仍可以向 B 主張正當無因管理拖吊行為的合法性。

結論：A 可以基於對房子的占有，根據上述⑶、⑷自行拖吊 B 的攤位。

2. A 可能可以向 B 主張拖吊費用償還的條文，考慮如下：

⑴侵權行為

因為單純的占有不受民法第 184 條第 1 項前段的「權利」保護，所以 A 的占有受妨礙，並無得依該項主張損害賠償。而根據部分學說❼見解，因為民法第 960 條的「占有人不受侵奪及妨害」規定，是屬於民法第 184 條第 2 項的「保護他人之法律」，依此見解，則不排除本題占有人 A 為保護其占有不受妨害，故自行支出費用拖吊 B 攤位所受之損害，可以向 B 主張民法第 184 條第 2 項的侵權行為損害賠償。

---

❻　劉昭辰，《占有》，第 58 頁。

❼　謝在全，《民法物權論（下）》，第 640 頁。

(2)無因管理

　　同上所述，因為 A 可以對 B 主張正當無因管理，所以根據民法第 176 條第 1 項及第 174 條第 2 項，A 向 B 請求拖吊費用的償還，有理。

結　論：A 可以向 B 主張拖吊費用償還。

例題 2 【老榮民的遺產】——繼承人的占有

A 是未婚老榮民，僅有一個親妹妹 B。A 去世時，並未留有遺囑，故由其妹 B 繼承遺產，主要計有：隨身手錶及上好皮衣。因為該等物品於 B 而言皆不實用，故將之出售給其好友 C。

1. 不久發現 A 在中國尚有一女兒 D，在得知 A 去世消息後，來臺主張繼承；而後又發現，A 所遺留的皮衣原來是向其好友 E 所借用。D 可否向 C 主張手錶及皮衣的返還？

2. 如果 A 生前曾將其手機借給好友 F，而 F 在 A 死亡後卻將該手機出售給 C，則又如何？

說 明

占有僅是一事實，而非權利，因此也不能被繼承。只是基於對遺產繼承人的占有保護立場，故民法第 947 條第 1 項特別規定，「遺產占有」因被繼承人死亡而移轉於繼承人，而賦予繼承人對遺產取得占有地位，並受占有保護。即所謂「遺產占有繼承」。

擬 答

1. D 可以向 C 主張手錶及皮衣返還的請求權基礎，可能是民法第 767 條第 1 項前段，而成立的前提必須 D 是物之所有權人

   ⑴ D 因民法第 1148 條繼承取得手錶所有權，自無疑問。問題是，C 是否可以主張因由 B 處善意受讓，故而根據民法第 801、948 條取得手錶所有權，D 因此喪失所有權？根據民法第 949 條規定，占有物如係非基於原占有人之意思而喪失其占有者，原占有人自喪失占有之時起二年以內，得向善意受讓之現占有人請求回復其物。因此本題要問的是，B 讓與交付手錶於 C，有無違反 D 的意思而致使 D 喪失對手錶的占有（學說有稱之「占有喪失物」❽ 或「脫離物」❾）？固然占有僅是一事實，不是權利，唯有取

---

❽ 謝在全，《民法物權論（下）》，第 536 頁。

得對物事實管領力之人才是占有人，因此占有自無得根據民法第 1148 條而被繼承，但民法第 947 條第 1 項卻有「（遺產）占有之繼承人」之語，其意謂著被繼承人對遺產的占有，隨被繼承人死亡而（法定）移轉給繼承人，而且此等因繼承取得「遺產占有」地位，是無須以繼承人對物有事實上管領力為必要❿，因此本題 A 對手錶的占有地位因死亡而移轉給真正的繼承人 D，即使 A 死亡時 D 仍在中國，並且也不知道繼承事實的發生，亦不妨礙 D 成為手錶的「遺產占有人」。依此，B 在未得 D 的同意下，讓與交付手錶於 C，致使 D 喪失占有，對 D 而言自是構成民法第 949 條「非基於其意思而喪失占有」，因此 C 無得主張善意取得手錶所有權，D 可以對之主張返還手錶。

　　⑵因為皮衣不屬於 A 的遺產，故 D 並未繼承取得皮衣所有權，當然也無民法第 947 條第 1 項「遺產占有繼承」之問題討論，所以 B 無權處分皮衣給 C，D 不能對 C 主張民法第 949 條返還皮衣。

結論：D 可以向 C 主張手錶返還，但不能對 C 主張皮衣返還。

2. D 向 C 主張返還手機的請求權基礎，考慮的仍是民法第 767 條第 1 項前段

　　問題是，依民法第 949 條之規定，F 讓與交付手機給 C 的行為，是否為「非基於繼承人 D 的意思而致使其喪失占有」，故 C 無得主張善意取得？繼承人基於民法第 947 條第 1 項取得「遺產占有」地位，其所取得的「遺產占有」地位屬性完全取決於被繼承人的占有地位屬性⓫，以本題而言，因為被繼承人 A 對手機是間接占有人，所以繼承人 D 也僅是取得間接占有地位而已，而 F 卻是直接占有人。法律上有問題的是，直接占有人 F 在未得到間接占有人 D 的同意下，出於自己的意思而將占有交付於第三人，對 D 是否構成「非基於占有人意思而喪失占有」？對於民法第 949 條的判斷，

---

❾　鄭冠宇，《民法物權》，第 100 頁。

❿　Jauernig, §857 Rdn. 2。

⓫　Jauernig, §857 Rdn. 2。

學說❷認為應以直接占有人的意思，而不是以間接占有人的意思為準，因為就占有的強度而言，直接占有人對物的管領力強度明顯強過間接占有人；或是更精確言之，直接占有人才是對物有事實管領力之人，因此標的物是否是「基於占有人意思而喪失占有」，自然也應以直接占有人為準。而本題手機是直接占有人 F 基於自己的意思而交付占有給 C，因此自不構成「非基於占有人意思而喪失占有」，故 D 並無得對 C 主張民法第 949 條，C 可以根據善意取得規定，取得手機所有權。

結論：D 無得對 C 主張手機的返還。

 題後說明

1.因為占有之繼承人無須對遺產有事實上的管領力為必要，即為「遺產占有人」，故繼承人有無主觀上的占有意識就非所問，因此即使是嬰兒或是植物人，都可以是「遺產占有」的繼承人，而取得對遺產的占有。但如果被繼承人對遺產並無占有地位，例如已經遺失，則繼承人亦無得取得遺產的占有地位。直到占有繼承人取得遺產的事實管領力之後，遺產占有繼承狀態才會改為民法第 940 條的一般「占有」狀態，而適用一般占有規定。

2.「遺產占有」之繼承人，除受占有保護之外，也必須負起占有人責任，例如遠在美國的繼承人得知老父去世，並獲得一隻小狗及一棟老舊房屋的繼承，雖然繼承人遠在美國，而對小狗及房屋欠缺事實上的管領力，但法律上亦成為小狗及房屋的占有人，因此繼承人就必須對於小狗及房屋的老舊，所可能引起對第三人的傷害，負起占有人應有的注意義務，而必須盡快回國處理，如有違失，必須負起侵權行為損害賠償責任（參閱民法第 190、191 條）。

3.現行學說❸認為占有可以繼承，作者以為只是部分正確，因為民法第 947 條第 1 項所指的僅是「遺產占有繼承」，繼承人卻無法主張「非遺產

---

❷　Palandt/Bassenge, §935 Rdn. 3。

❸　林秀雄，《繼承法講義》，第 78 頁；謝在全，《民法物權論（下）》，第 514 頁。

占有繼承」，因為只要是非遺產，就無繼承可能。例如被繼承人因偷竊而占有他人之物，因為該盜贓物非屬遺產，故該占有亦無法被繼承，因此遠在國外的繼承人也就無得主張民法第 947 條第 1 項遺產占有繼承的適用；此時如果盜贓物所有權人取得原物，並不構成民法第 962 條的「侵奪占有」。

4.民法的占有概念和刑法竊盜罪的「持有」概念不同，因此即使在上述問題 1 中，B 違反繼承人 D 的意思而將手錶讓與交付於 C，依民法規定構成「占有喪失物」，但 B 的行為卻仍不構成刑法的竊盜罪。

5.根據臺灣地區與大陸地區人民關係條例第 66 條規定：「大陸地區人民繼承臺灣地區人民之遺產，應於繼承開始起三年內以書面向被繼承人住所地之法院為繼承之表示；逾期視為拋棄其繼承權」，及第 67 條規定：「被繼承人在臺灣地區之遺產，由大陸地區人民依法繼承者，其所得財產總額，每人不得逾新臺幣二百萬元」，皆應已違反憲法對財產權及繼承制度的保障，不無有違憲之虞。

例題 3 【反目成仇的同居男女】──占有保護及反訴

A、B 兩人交往多年，同居在 A 的房子。多年後，兩人感情漸淡，A 提出分手並要求 B 必須立即搬離，但 B 不同意，兩人遂經常爭吵。某日 A 終於再也無法忍受，故趁 B 外出上班時，將 B 的衣物搬出房外並更換房鎖。B 下班回來不得其門而入，生氣異常，遂以暴力破壞房鎖直接進入房間，隔日並起訴請求 A 不能再更換房鎖。但 A 卻認為自己是房子所有權人，故而提出反訴，請求 B 不能再進入房內使用其房子。

問：法官應如何判決？

說 明

占有人的占有如遭受侵奪，可依民法第 962 條前段請求返還占有，而該請求權的成立要件，不同於民法第 767 條第 1 項前段，無須考量侵奪人是否「有權占有」，因此具有快速訴訟的功能。相反地，因為民法第 767 條必須考量占有本權抗辯，則在訴訟上雙方當事人必須就占有本權為辯論及舉證，勢必曠日廢時。

擬 答

1. B 可能可以根據民法第 962 條前段及後段，請求 A 不能再更換房鎖（所謂「防止侵奪」）

(1) B 占有地位受 A 的侵奪

占有侵奪及占有妨害的區別在於，前者占有人對物的事實管領力完全或部分被剝奪，而後者占有人雖未被剝奪對物的事實管領力，卻對占有物基於物理或是心理影響，而不能順利實現事實上管領力者❶❹。本題 A、B 兩人同居在一起，對於房子有共同占有地位，而 A 在未得 B 的同意下，擅自更換房鎖，使 B 無法進入房子遂行其占有，自是侵奪 B 的占有，而在 B 以暴力重新取回對房子的占有後，B 提告要求 A 不能再次侵奪其對房子的

❶❹ 王澤鑑，《民法物權》，第 363 頁。

占有，即所謂「防止侵奪」，而民法第 962 條後段原文雖僅有「防止妨害」之語，但是對於行為人有再次侵奪占之虞者，占有人亦可主張「防止侵奪」，自無疑義❶。

固然民法第 965 條規定：「數人共同占有一物時，各占有人就其占有物使用之範圍，不得互相請求占有之保護」，但共同占有人相互間排除占有保護規定，也僅限於對占有物使用範圍的爭議而已，而不適用於共同占有人地位被完全剝奪的狀況❶，即本題共同占有人 A 更換房鎖，完全剝奪另一共同占有人 B 對房子的占有地位，即使在檢視民法第 965 條之下，亦不排除 B 仍可以向 A 主張防止占有侵奪的保護。

⑵ A 的「占有本權」抗辯

不同於民法第 767 條第 1 項前段，民法第 962 條的占有保護規定並不討論占有人的「有權占有」或是「無權占有」，以快速進行占有保護訴訟。換言之，即使占有人是無權占有，物之所有權人也不能以「侵奪」的手段，強力剝奪無權占有人的占有地位，以回復所有權人自己正當的占有地位，因為「自力救濟」為法所不許，物之所有權人對於無權占有人，只能以司法訴訟救濟手段，回復自己的占有地位，以維護社會安定生活秩序。因此本題 A 不能以「自己是房子所有權人，故有權要求 B 必須搬離，因此 B 是無權占有房子」為理由，而擅自更換房鎖自力救濟而剝奪 B 的占有，故 B 主張「防止侵奪」並請求 A 不能再更換房鎖，自是有理。

當然法律在一些情況，也不排除「自力救濟」的允許，以回復占有人自己的占有地位，例如民法第 960 條，但該條文以占有受「侵奪」為必要，而所謂侵奪是指「違反占有人之意思，以積極之不法行為將占有物之全部或是一部，移入自己之管領」❶，但本題 B 占有房子是得到 A 的同意，B 並非是以侵奪行為取得房子的占有，即使 A 事後不同意 B 的占有，而終止 B 的占有權限，使 B 成為「無權占有」，但仍不改變當初 B 並非是以侵奪

---

❶　Gottwald, PdW Sachenrecht, Fall 7。

❶　例題 5【難以相處的室友】。

❶　謝在全，《民法物權論（下）》，第 598 頁。

行為取得房子占有的事實，故 A 自亦無主張適用民法第 960 條的餘地。

結論：B 可以請求 A 不能再更換房鎖。

2. A 可能可以請求 B 必須搬離房子，考慮的請求權基礎如下：

⑴民法第 962 條

A 將 B 的衣物搬出屋外，並更換房鎖剝奪 B 的占有，因此 A 遂成為房子的單獨占有人。但 B 卻以暴力破壞房鎖，重新取回占有，是否符合民法第 962 條的「侵奪 A 的占有」，故 A 得以根據民法第 962 條請求 B 搬離房子，以回復自己單獨占有地位？以本題而言，A 首先以侵奪手段剝奪占有人 B 的占有，而 B 又以侵奪手段回復自己的占有，構成所謂的「交互侵奪」，而根據學說[18]見解，民法第 962 條並不適用於「交互侵奪」情況，故而不同意最初的占有侵奪人 A 可以主張「交互侵奪占有」的保護，否則等同鼓勵權利人 A 可以先以自力救濟方式，以侵奪占有手段回復自己的占有，再請求法律的保護，違反禁止「自力救濟」原則。

⑵民法第 767 條第 1 項前段

因為 A 是房子所有權人，所以在其向 B 表示必須搬離，終止 B 的占有權限後，B 即成為無權占有，因此 A 可以向 B 主張民法第 767 條第 1 項前段的所有物返還。有疑問的是，是否 A 可以在上述 B 對其主張「防止侵奪」的同一訴訟程序中，根據民事訴訟法第 259 條提出民法第 767 條第 1 項前段的反訴？

①否定說

否定說[19]以為，如果同意 A 可以提起反訴且判決 A 勝訴，則 B 的民法第 962 條的占有保護訴訟「防止侵奪」將喪失其意義，故不應允 A 可以提起民法第 767 條第 1 項前段的反訴。

②肯定說

德國通說[20]卻以為，占有保護不討論占有人是否「有權占有」，因此該

---

[18] 王澤鑑，《民法物權》，第 673 頁。

[19] 王澤鑑，《民法物權》，第 678 頁。

訴訟的性質僅是暫時性保護而已，並不排除物之所有權人仍可以提起獨立的所有物返還訴訟。而即使同意所有權人 A 可以提起所有物返還的反訴，但法院仍可以對 A 的占有保護訴訟進行部分判決（參照民事訴訟法第 382 條後段），也可以進行強制執行，結果並不會影響民法第 962 條的「快速進行占有保護」及「禁止自力救濟」的立法功能及旨意。至於民法第 962 條和第 767 條第 1 項前段所可能發生的矛盾判決，德國民法特別規定只要所有權人的所有物返還之訴判決確定❷，占有人的占有保護請求權即告消滅，因此兩者判決並不會發生矛盾的結果。

結 論：A 可以提起反訴請求 B 不能再進入房子。

題後說明

1.或許讀者會認為，如果 B 請求 A 不能再更換房鎖的民法第 962 條訴訟，首先獲得勝訴判決，並也獲得強制執行，之後 A 禁止 B 進入房內的民法第 767 條第 1 項前段訴訟（反訴），始獲得勝利，而接著又強制執行，豈非多此一舉？但該「多此一舉」卻是占有保護不討論「占有本權」的必然結果。而該結果的目的也在告誡所有權人，絕不能自恃自己的正當權利，而擅自「自力救濟」，否則法律仍會同意（無權）占有人的占有保護請求。但也必須注意，一旦 A 的反訴首先獲得確定判決，則 B 的「不能再更換房鎖」本訴的請求權基礎，根據上述德國民法規定意旨即不再存在，而必須被駁回。

2.民法第 962 條並不適用於「交互侵奪」，但對於非交互侵奪的案例，卻仍有適用，例如甲偷竊他人之物，而該物又被乙偷竊，此時非是交互侵奪，因此即使本例甲是無權占有人，但其占有仍受法律保護，故可以對乙主張民法第 962 條前段占有返還。

---

❷ BGHZ 53, 166.

❷ 根據少數見解 (Hagen, JuS 1972, 124)，甚至只要所有權人的所有物返還之訴取得假執行名義，占有人的占有保護請求權即告消滅。

例題 4 【誤拿手機】——惡意的占有繼受人

　　A 在餐廳錯取 B 的手機，一時之間並未察覺，拿回家後才發現。但因該手機是最新型要價頗高的手機，故 A 遂起貪念，將手機拿到 C 所經營的手機店出售。店員 D 是 A 的好友，雖然知道 A 錯拿他人手機，但仍願意接受 A 的出價。之後，B 按手機的定位系統而找到 C 的手機店，因為手機內有急需的資料，而且該手機是向朋友借得，故 B 想根據占有保護規定，請求返還手機，有無可能？

說　明

　　本題因為 B 急需手機內的資料，所以捨棄要件繁複的民法第 767 條第 1 項前段的所有物返還請求權，或是民法第 184 條第 1 項前段的侵權行為，而改以無須檢討「所有權歸屬」或是「使用權受侵害」要件的民法第 962 條占有物返還請求權，以利快速訴訟，確實是一正確的選擇。

擬　答

　　因為店員 D 只是手機店老闆 C 的占有輔助人，根據民法第 942 條規定，占有輔助人並非是物的占有人，唯有僱用人 C 才是占有本人，故 B 應是向 C 而非向 D 請求返還手機占有。考慮的請求權基礎是民法第 962 條前段，要件檢查如下：

1. B 喪失占有

　　B 在餐廳因 A 的誤拿而喪失手機的占有，自無疑義。

2. C 侵奪 B 的占有

　　⑴所謂占有受侵奪，意指以積極不法行為，違反占有人之意思，將占有物移入自己的事實管領力中。本題 A 誤拿 B 的手機，致使 B 喪失手機的占有，自然也是違反占有人 B 的意思，故是一侵奪占有行為。至於占有侵奪人有無故意或過失，則在所不問。問題是，侵奪 B 手機占有的是 A，C 只是輾轉取得手機占有而已，是否 B 對 C 仍有民法第 962 條的適用？不

無疑問。此處引發一個法律上的爭議問題：占有繼受人應如何繼受前手的侵奪行為瑕疵？

①一說❷認為，應類推適用民法善意取得規定，取決於 C 究竟有無善意取得所有權為判斷。如依該說，則當占有的繼受人非以所有權移轉而繼受占有，如承租人或是借用人等，因無民法第 801、948 條善意取得之適用，故其善意受讓占有即不受保護，因此被侵奪之占有人，仍可對之主張占有物的返還請求權。

②另一說❷以為，應以 C 是否善意不知 B 是經由侵奪行為而取得占有為判斷標準，唯有占有繼受人明知前手的占有瑕疵時，始必須承受其瑕疵，負返還占有責任。本題擬答採此說，因為民法第 962 條所保護者是占有的「事實」，而非保護所有權，因此即使非以所有權移轉而善意繼受占有者，例如承租人，亦應受到善意占有保護才對。

(2)如上所述，B 可以對 C 主張民法第 962 條前段的占有物返還，其前提必須是 C 明知其占有前手 A 是經由侵奪行為而取得占有。問題是 C 本人並不知該手機侵奪行為，而是其占有輔助人明知其事，則侵奪占有瑕疵的明知，應如何認定？學說亦有爭議。

①一說❷認為，應類推適用民法第 105 條之規定，所以占有本人 C 必須承受占有輔助人 D 的惡意，C 必須繼受侵奪占有的瑕疵。

②另一說❷則是認為，應類推適用民法第 188 條第 1 項之規定，只有當僱用人 C 對其受僱人 D 未盡必要的監督注意義務時，才必須承受 D 的惡意結果。

③解題意見

值得注意的是，學說並無主張類推適用民法第 224 條者，究其原因，應該是民法第 224 條條文以「債之履行」為要件，而不適用於事實上的占

---

❷ 姚瑞光，《民法物權論》，第 420 頁；謝在全，《民法物權論（下）》，第 608 頁。

❷ 王澤鑑，《民法物權》，第 672 頁。

❷ BGHZ 32, 530.

❷ BGHZ 16, 259.

有關係取得 ㉖；況且民法第 105 條尚有但書規定：「但代理人之代理權係以法律行為授與者，其意思表示，如依照本人所指示之意思而為時，其事實之有無，應就本人決之」，留有歸責占有本人的空間，以免占有本人利用占有輔助人的善意，牟取不法利益。而民法第 224 條卻無如此但書規定，如加以類推適用，將使占有本人有規避法律，進而不法取得利益的空間，故為不宜。至於對民法第 105 條及民法第 188 條第 1 項的取捨，本題擬答傾向於前者，因為如果所有權移轉的意思表示瑕疵有無，應根據民法第 105 條，以受僱人（代理人）主觀為斷，則實不見任何理由，何以同樣關係所有權移轉的物之交付行為的瑕疵與否，不應適用民法第 105 條？因此本題因為 C 的占有輔助人 D 明知 B 的占有乃受 A 的侵奪所致，故 C 也必須承受該明知結果。

結 論：B 可以向 C 主張手機的占有返還。

題後說明

　　雖然占有繼受人的侵奪瑕疵認定，應以其是否明知前手的侵奪行為決定，但是如果占有繼受人是經由繼承遺產而取得占有者（參閱民法第 947 條），則因為繼承人並無善意保護的必要性，所以其侵奪瑕疵的認定，就應是取決於被繼承人：如果被繼承人的占有，法律上被認定具有侵奪瑕疵，則占有繼受人亦必須無條件承受該結果才是，繼承人是否明知被繼承人的侵奪行為，在所不問。

㉖ BGHZ 16, 259, 262。

例題 5 【難以相處的室友】──共同占有的保護

某房東將某層樓公寓隔成兩間小雅房,分別出租給大學生 A 及 B。房東所提供的家用電器頗為齊全,有洗衣機及電視機可使用,只是 A 的日常生活習慣並不好,常將遙控器四處亂放,使得 B 往往必須費力尋找。又有一次 A 一個不小心將洗衣機弄壞,房東必須花一個星期才能修好,B 只得花錢在自助洗衣店洗衣服。

問:B 可以如何主張?

🔑 說　明

　　共同占有人相互間的占有保護,民法第 965 條有特殊規定,學習者對此有加以練習的必要。

📝 擬　答

1. B 可能可以根據民法第 962 條後段,請求 A 不能再將電視遙控器四處亂放(所謂「防止妨害」)

　　⑴A 因生活習慣不好,常將電視遙控器四處亂放,以致其他共同占有人 B 必須費力尋找遙控器,無法順利占有使用,構成占有妨害,因此 B 本來可以向 A 主張相關的占有保護,但民法第 965 條卻特別規定:「數人共同占有一物時,各占有人就其占有物使用之範圍,不得互相請求占有之保護」,則似乎 B 即無得向 A 請求占有妨害的防止。民法第 965 條規定自有其意義,因為共同占有關係是一純粹經由共同占有事實所形成的法律關係,共同占有關係本身並不具有規範共同占有人彼此間,對占有物可以行使多少占有時間、範圍的內涵,如此則當然共同占有人就不能以另一共同占有人「占有超過太多的時間及範圍」、「自己都無得使用占有物」為由,請求「占有受妨害」保護。以本題為例,共同占有人 B 無得主張「A 已經看了一個白天的電視,因此晚上應該由我看」或是「電視臺節目不應總是 A 一人決定,而是應由兩人分時、分段決定」,而請求對電視遙控器的占有受妨

害保護。至於共同占有人彼此間應如何分配占有的時間及範圍，應取決於彼此間的債之基礎關係（契約關係），而本題的 A、B 間卻明顯欠缺存在如此的債之基礎關係。

(2)只是通說又以為，民法第 965 條共同占有人間的占有保護限制，僅限於「使用範圍」上不能請求占有保護而已。換言之，應僅限於占有妨害而已，而不包括完全剝奪共同占有人占有地位的「占有侵奪」情況，例如當共同占有人 A 將遙控器藏匿起來，而不讓其他占有人取得占有，則其他共同占有人當然就可以主張失去遙控器占有的占有侵奪保護。而且通說也放寬占有「侵奪」的概念，認為即使只是占有受妨害，但如果該妨害的事實已經足以達到令共同占有人無法使用占有物的情況，就形同侵奪占有，則不排除共同占有人也可以主張占有妨害的保護。以本題而言，因為 A 經常將電視遙控器四處亂放，致使 B 必須花費時間尋找，雖未到令 B 完全失去占有的程度，但在花時間尋找的同時，卻也形同 B 完全失去對電視遙控器的使用可能性，幾近失去占有，故應肯定 B 可以對 A 主張防止占有妨害的保護才是。

結論：B 可以根據民法第 962 條後段，請求 A 不能再將電視遙控器四處亂放。

2. B 可能可以根據民法第 184 條第 1 項前段，向 A 請求賠償洗衣費用的支出

(1)因為承租人 B 對於洗衣機租賃物享有使用權利，而且基於債權物權化思維，已取得租賃物占有的「租賃權」也可以是一受民法第 184 條第 1 項前段保護的「權利」[28]，故 A 因過失將洗衣機弄壞，致使 B 無法行使其租賃使用權限，似乎不排除 B 可以對 A 主張侵權行為損害賠償責任。只是有學說[29]認為，同為承租人 A 弄壞洗衣機租賃物，同時也構成承租人 B 對

---

[27]　Baur, Sachenrecht §7 D II 2.

[28]　劉昭辰，《債法總論實例研習——法定之債》，例題 40。

[29]　Medicus, AcP 165, 115, 138 f.。

洗衣機占有的妨害，而共同占有人間是不得相互主張占有妨害的排除，所以 B 是否可以對 A 主張洗衣機損壞而支出洗衣費用的賠償責任，即不無疑問。而吾人也可以輕易想像，如果 A 從早到晚都在洗衣，而致使 B 無法使用洗衣機，造成 B 對洗衣機的占有受妨害，故必須支出自助洗衣費用，明顯地當然 B 並無得對 A 主張損害賠償。

⑵本題擬答以為，共同占有人占有使用占有物，而妨害其他共有人的占有使用，固然並無占有保護規定的適用，但依民法第 965 條條文原意，也僅限於使用範圍爭議而已，而不應適用於共同占有人損害占有物，而致使其他共有人無法占有使用的情況，其他共有人因而所受的損害自有保護的必要性，故不應排除其他共同占有人的損害賠償請求權❸。

結論：B 可以向 A 請求洗衣費支出的損害賠償。

題後說明

1.固然共同占有人間仍可以主張占有受侵奪的保護（或是幾近占有受侵奪的占有妨害保護），但仍必須注意誠實信用原則，例如共同占有人基於物之正常使用而單獨使用廁所或是洗衣機（隱密及衛生的理由），在此期間雖造成侵奪其他占有人對廁所及洗衣機的共同占有使用，但其他共同占有人仍負有容忍義務，而不得請求除去占有妨害（一起使用廁所及洗衣機?!）。

2.實務也經常出現，同一棟公寓的住戶，有人經常長按電梯而造成其他用戶無法順利使用大樓電梯，或是有住戶在樓梯口堆放物品，阻礙其他住戶進出，住戶間可以如何主張？是一非常有趣的法律問題，讀者可以自行嘗試解答。

---

❸　BGHZ 62, 243, 248 ff.; MünchKomm/Joost, §866 Rdn. 12。

第二章

動產所有權

例題 6 【律師取車】——間接占有取得所有權

A 向 B 買了一部新車，但 B 卻不願履約，因而遲遲未交車。A 遂委任律師 C 親自交涉，B 終於交車給 C。隔天 C 正將車由車庫開出，卻被酒醉駕駛之 D 迎面撞上，車毀。

問：A 可否向 D 請求損害賠償？

說　明

民法第 942 條規定：「受僱人、學徒、家屬或基於其他類似之關係，受他人之指示，而對於物有管領之力者，僅該他人為占有人」，依該規定凡受他人指揮監督而為他人占有的「占有輔助人」，並不是物的真正占有人，下指揮監督命令的「占有本人」，才是真正的占有人。而民法第 941 條又規定：「地上權人、農育權人、典權人、質權人、承租人、受寄人，或基於其他類似之法律關係，對於他人之物為占者，該他人為間接占有人」，而認定直接、間接占有人，都是占有人。兩者占有制度不易區別，本題即就此加以練習。

擬　答

A 可能可以根據民法第 184 條第 1 項前段，向 D 主張汽車毀損的損害賠償，前提必須是 A 已經根據民法第 767 條第 1 項，取得汽車動產的所有權。而 A 根據民法第 767 條第 1 項由 B 處取得汽車所有權，其前提又必須是在 A、B 之間對汽車所有權有 1.讓與合意，及 2.存在汽車交付行為。以下就對此二要件加以檢討：

1.讓與合意

依題意，A、B 間並無讓與合意存在。本題是由律師 C 以 A 的代理人地位和 B 為讓與合意之後，根據民法第 103 條第 1 項對 A 發生效力。

2.交付汽車

(1)無代理規定適用

本題 B 亦未將汽車交付 A，而是將汽車交付於 C。雖然律師 C 是 A 的代理人，但該交付行為，卻無法根據民法第 103 條對 A 發生效力，因為占有交付是一事實行為，而非意思表示，故無代理規定的適用。

(2)占有輔助人

可以考慮的是，A 可能可以透過 C 的占有輔助人地位（民法第 942 條），而取得車子的占有。根據民法第 942 條規定，對物有事實管領力的占有輔助人並不是占有人，而僅限占有本人為占有人，故如果律師 C 確實是 A 的占有輔助人，則當 B 將汽車交付於 C，使 C 取得對汽車的事實管領力，則同時 A 就取得汽車的占有。而 A、C 間是否具有占有輔助關係，必須取決於 A、C 間有無「上下指揮、服從關係」，透過如此的「上下指揮、服從關係」，A 即可以 C 為占有工具，而實際取得對物的占有。而 A、C 間的上下指揮、服從關係，是否可能來自於兩人之間的「委任契約關係」，則不無疑問。首先可以肯定的是，民法第 535 條確實規定有「受任人須聽命於委任人的指示」，因此委任人確實存有對受任人法律上的指揮、監督權限，但僅以「法律上的指揮、監督關係」，則尚難以認定 A、C 間就有占有輔助關係，因為占有是一事實關係，故究竟占有輔助人有無聽命於占有本人的「指揮、監督」，自然也就必須以「事實上的指揮、監督關係」為斷，而非是以法律上的指揮監督關係加以認定，故學說❶又有強調占有輔助的「上下、服從關係」是以「社會上的服從關係」，而非是法律上的服從關係，例如黑社會大哥和小弟間的法律關係（僱用），即使會因違反公序良俗而無效，但仍不妨礙小弟確實是基於事實上對大哥的服從，而占有標的物，故是大哥的「占有輔助人」。正因為占有輔助關係是以事實上的指揮、服從關係加以認定，故本題的律師 C 不應是委任人 A 的占有輔助人，因為一般而言，委任人往往鑒於對律師的專業肯定及尊重，故而委任處理事務，因此不會對其下達指揮及命令，而律師就其專業也會獨立判斷以處理委任事務，故在事實上也明顯欠缺受有委任人的指揮、監督關係，因此尚難謂本題的律師 C 是 A 的占有輔助人❷。

❶ Schreiber, Sachenrecht Rdn. 78.

⑶直接占有地位

①可以考慮的是，當 B 交付汽車於 C，使 C 取得直接占有，而 A 可能可以根據和 C 之間的「占有媒介關係」，而成為間接占有人，故也同時成為汽車的占有人（參閱民法第 941 條）。而本題 A、C 間的占有媒介關係可以是基於兩人間的「委任契約關係」而成立，因為根據委任契約，受任人負有交付因委任事項所得之物於委任人的義務（參閱民法第 541 條），而委任人正是基於如此的返還請求關係，取得對物的間接占有地位。

②惟「占有媒介關係」的成立，通常都是由間接占有人將占有物交付於直接占有人，而賦予直接占有人對物有事實管領力，例如出租人將租賃物交付於承租人。換言之，直接占有人對物的占有必須是由間接占有人所賦予❸，否則即無得成立「占有媒介關係」，例如拾得人和所有權人間就無「占有媒介關係」的存在。但是「直接占有人對物的占有必須是由間接占有人所賦予」，並不限於間接占有人必須在事實上有將物交付於直接占有人的行為存在，而是只要直接占有人所取得的占有，是受間接占有人所認可，即可以認為「直接占有人對物的占有是由間接占有人所賦予」，而成立「占有媒介關係」。在此之下，往往不排除「占有媒介關係」可以在直接占有人取得直接占有之前，就已經預先約定成立，學說稱之為「預先的占有媒介關係約定」。以本題而言，一旦 C 由第三人 B 處取得汽車之直接占有時，基於 A、C 兩人先前的「委任契約」所建立的「預先的占有媒介關係約定」，因為間接占有人 A 事先已經賦予直接占有人 C 可以代為占有汽車，因此同時 A 也就取得汽車的間接占有地位，而成為汽車的占有人，故 A 也就因民法第 767 條第 1 項取得汽車的所有權。

結論：A 確實取得汽車的所有權，因此 D 必須對 A 負侵權行為損害賠償責任。

---

❷　最高法院 95 年臺上字第 2250 號判決。

❸　Jauernig, §868 Rdn. 3。

例題 7 【故宮博物院收藏名畫】──經由間接占有人同意的無權處分

　　A 是某名畫收藏家族成員之一，經營美術館，收藏有父親生前遺贈齊白石名畫一幅，是鎮館之寶。但因企業經營不善，故 A 將之讓與給 B，而 B 同意繼續將名畫借 A 展出。

　　A 的兒子 C，因為工廠欠缺資金，故向故宮博物院表示，已經得到其父 A 的同意，可以以自己名義授權出售名畫給故宮，但故宮必須答應出借該畫給 A，直到展期結束。故宮和 A 聯繫，A 為不使兒子的工廠倒閉，只得承認 C 所言屬真。基於 A 如此的表示，故宮遂和 C 完成名畫所有權的買賣及讓與。待 A 美術館的展期結束，故宮向 A 請求返還該畫，B 卻出面表示自己才是所有權人。

　　問：名畫所有權人究竟是誰？

說　明

　　占有提供了動產所有權變動的公式性，也提供外界第三人主張善意取得信賴表徵的正當性。但如何的占有程度，始足以構成善意取得的信賴？本題就此加以討論。

擬　答

　　本題 A 透過民法第 767 條第 2 項的「占有改定」，使 B 取得名畫所有權。但如果故宮可以主張善意取得名畫所有權，則 B 就會失去其所有權。故宮可能可以根據民法第 801、948 條，主張善意取得名畫動產所有權。要件檢查如下：

1. C 為無權處分

　　故宮雖然和 C 之間有一動產所有權讓與行為，但是因為該動產所有權不屬於 C，所以是一無權處分行為（參照民法第 118 條第 1 項）。可以考慮

的是，故宮和 C 間的無權處分行為，卻可能因為所有權人 A 的同意而生效，只是所有權人的同意無權處分行為，必須是在讓與人為無權處分時，仍擁有所有權為必要❹，而本題當 A 同意 C 無權處分名畫所有權給故宮時，卻已經將名畫所有權處分給 B，故而不再是所有權人，因此其所為的無權處分行為的同意，當然就不生效力。至此可以確定 C 讓與交付該名畫給故宮之行為為一無權處分行為。

2. 故宮的信賴保護

(1)對於善意取得的要件：受讓人必須善意信賴讓與人有處分權限，本題卻不無疑問，因為本題讓與人 C 並未占有該畫，故宮欠缺善意信賴基礎可以相信 C 是名畫所有權人，至此似乎故宮也並無得主張善意取得名畫所有權。

(2)問題是，故宮可否主張經由 A 對名畫的占有，因此善意相信 A 是所有權人，亦因而善意相信 A 對 C 的處分行為有同意權，故可以善意取得名畫所有權？對此，學說❺認為如果動產的無權處分是「經由占有人同意」，而受讓人有理由善意相信「占有人是動產所有權人」時，則亦可以發生善意取得的效果。因為經由占有人對於動產的占有表徵，使得受讓人有正當化的理由相信，占有人確實是占有物的所有權人，因此受讓人基於如此占有信賴表徵，所為的動產受讓行為，自亦有受法律保護的必要，而可以主張善意取得。只是必須強調的是，受讓人必須有足夠的理由善意相信，動產占有人確實是所有權人，始受保護，否則受讓人若是明知或是因重大過失（參照民法第 948 條第 1 項），而不知占有人並非是所有權人，而僅是承租人或是借用人，則受讓人仍不能主張善意取得動產所有權。以本題而言，因為故宮見名畫在 A 的占有中，且並無其他事實可以懷疑 A 已經不再是名畫所有權人，在得到 A 的同意之下，故宮和 C 為名畫動產的讓與行為，故宮確實存在有善意信賴的基礎，而不排除可以主張善意取得名畫所有權。

(3)只是本題故宮並未取得對名畫的直接占有，而是同意 A 可以繼續借

---

❹　劉昭辰，《民法總則實例研習》，例題 46。

❺　Gottwald, PdW Sachenrecht Fall 58.

用名畫，是以「占有改定」方式，以代交付（參閱民法第 761 條第 2 項）❻。根據民法第 948 條第 2 項規定：「動產占有之受讓，係依第七百六十一條第二項規定為之者，以受讓人受現實交付且交付時善意為限，始受前項規定之保護」，因此本題在故宮受讓人尚未取得名畫的現實交付前，故宮終究都無得主張善意取得名畫。

結論：名畫所有權屬 B 所有。

---

❻ 雖然民法第 761 條第 2 項的「占有改定」，原文是指在「讓與人」和「受讓人」之間成立占有媒介關係，以代交付。而本題的受讓人是和所有權人 A，成立占有媒介關係，而不是和讓與人 C 成立占有媒介關係，但卻不排除仍有民法第 761 條第 2 項「占有改定」以代交付的適用。例如德國學說也肯定「占有改定」既可以發生在「受讓人」和「讓與人」之間，也可以發生在「受讓人」和「所有權人」之間，參閱 Jauernig, §930 Rdn. 1。

例題 8　【冷凍倉儲裡的牛肉】——倉單貨物的讓與

　　A 由美國進口一批牛肉，因為數量龐大，自己又無冷凍設備，故暫時寄放在 B 所經營的港口冷凍倉儲，B 也開立倉單給 A（參照民法第 615 條）。之後 A 將該批牛肉所有權以倉單背書方式，讓與 C（參照民法第 618 條）。

　　但因 A 有資金缺口，故欲出售牛肉給 D，然 A 已無倉單在手，故只得以讓與返還請求權方式（民法第 761 條第 3 項），將牛肉所有權讓與 D。隔日 D 向 B 取貨，B 因不見倉單，而拒絕交付。

1. 牛肉所有權，究竟屬於誰？
2. 如果 B 急需金錢，而將牛肉出售並讓與 D，且交付之，則牛肉所有權屬於誰？

說　明

　　倉單是一有價證券，其所載貨物的所有權讓與，可以背書轉讓倉單為之。學習動產讓與時，不可錯過倉單有價證券所載貨物所有權讓與的問題。

擬　答

　　1. 根據民法第 761 條第 1 項規定，C 如果要取得冷凍牛肉動產所有權，必須和 A 之間要有讓與合意及現實交付行為。讓與合意部分自無問題，至於現實交付部分，因為 A 未將冷凍牛肉現實交付於 C，故 C 並未能依民法第 761 條第 1 項取得冷凍牛肉動產所有權。但是對於倉單所載貨物的交付方式，民法第 618 條有特別規定：「倉單所載之貨物，非由寄託人或倉單持有人於倉單背書，並經倉庫營業人簽名，不生所有權移轉之效力」，可見倉單所載貨物的交付，可以倉單背書交付方式，使得受讓人因取得倉單，而可以依倉單所載內容向倉庫營業人請求交付貨物，換言之，倉單背書交付使得倉單受讓人取得對貨物的「間接占有地位」，進而取得倉單貨物的所有權，故是屬於民法第 761 條第 3 項「讓與返還請求權」的一種，因此本題

C 可以根據民法第 761 條第 3 項取得冷凍牛肉的所有權。但可以考慮的是，是否 D 可以主張善意取得冷凍牛肉動產所有權，且 C 因此喪失其對牛肉的所有權？要件檢查如下：

⑴ A 為一無權處分行為

因為 A 已經將冷凍牛肉動產所有權讓與給 C，所以不再是所有權人，其所再為的處分行為，自然就是無權處分。

⑵ D 善意信賴 A 有權處分

A 的無權處分行為，是以民法第 761 條第 3 項的「讓與返還請求權」方式，移轉交付牛肉給 D，是否 D 可以藉由如此動產交付方式而主張善意取得？學說頗有爭議：

①反對說❼

反對說認為，受讓人透過「讓與返還請求權」方式，僅取得動產的間接占有，而未取得對動產的事實上管領力，是否足以受到善意保護，不無疑問。況且民法第 948 條第 2 項已經明白規定：「動產占有之受讓，係依第 761 條第 2 項規定為之者，以受讓人受現實交付且交付時善意為限，始受前項規定之保護」，則同樣只是取得間接占有的「占有改定」，在受讓人尚未取得動產的事實管領力前都無法主張善意取得，而同樣也只是取得間接占有的「讓與返還請求權」受讓，除非直到取得動產的事實管領力，否則當然也不能有主張善意取得的可能。

②肯定說❽

肯定說認為，受讓人以「占有改定」和「讓與返還請求權」方式受讓動產，雖然都僅是取得間接占有地位，但卻也有不相同之處，即在「占有改定」情況，讓與人仍未失去對動產的占有，而在「讓與返還請求權」情況，則讓與人 (A) 因為已經將對第三人 (B) 的返還請求權，讓與給受讓人 (D)，依此就喪失對動產的間接占有地位，對 D 而言，D 可以相信讓與人 (A) 已經不再對動產有任何的占有地位，故對外已經創造足以讓受讓人相

---

❼ 陳自強，《民法物權爭議問題研究》，第 311 頁。

❽ 謝在全，《民法物權論（上）》，第 422 頁。

信，自己已經由讓與人處取得動產的所有權的表象，故善意值得保護，而可以主張善意取得。

③解題意見

否定說認為僅是「間接占有」的取得，因為欠缺外界可辨識的事實管領力變動，所以不符合所有權變動所需的「公示原則」，故自無善意取得的可能性。但是僅以「間接占有」不符合所有權變動所需的「公示原則」，而否定善意取得的可能，則是忽略立法者對於動產所有權變動的「公示性」，在民法第 761 條第 2 項規定中，已經明示「間接占有」和「直接占有」有相等的效果，換言之，即使「間接占有」欠缺外界可以辨識的所有權變動表象，但依現行物權法規定也並無礙受讓人仍可以取得動產所有權，因此吾人尚無法僅以「間接占有欠缺外界可以辨識的所有權變動表象」為由，而否定受讓人有善意取得動產所有權的可能。要問的仍是，是否取得「間接占有」的善意受讓人，有無足夠的動產所有權取得的信賴，而值得保護？對此，本題擬答傾向肯定說見解，認為受讓人以「讓與返還請求權」方式所取得間接占有，而致使讓與人喪失間接占有地位，因此使受讓人存在有正當的理由相信，讓與人已經完全放棄對物的占有，而自己也已經由讓與人處取得對物的占有，故有善意相信取得所有權保護的必要。相反地，在「占有改定」情況，動產自始一直在讓與人的管領之下，因此受讓人也欠缺動產已經由受讓人手中轉移到自己手中的信賴，故欠缺善意取得的信賴表象，無得主張善意取得。

雖然根據肯定說，以「讓與返還請求權」方式讓與動產，不排除有善意取得的可能，但必須強調的是，本題因 A 所讓與的動產已經透過倉單的開立而「證券化」，故有其特殊性。依通說❾見解，一個被「證券化」後的動產，其讓與交付方式僅能以（記名）證券背書轉讓方式為之，而不能再以民法第 761 條第 3 項的「讓與返還請求權」的方式為之，否則即失去倉單「動產證券化」的意義。而即使倉單貨物受讓人善意而不知有倉單的存在，故而接受「讓與返還請求權」方式受讓倉單貨物，該善意亦不受法律

---

❾　BGH NJW 1979, 2037.

所保護（試想：善意受讓不存在的債權請求權，善意受讓人自無得主張善意受讓保護）。依此，則本題的 D 終究不能主張冷凍牛肉的善意取得。

(結)(論)：冷凍牛肉所有權屬 C 所有。

2.倉單所載貨物的「動產證券化」，只是禁止貨物再被以民法第 761 條第 3 項的「讓與返還請求權」方式讓與，但卻不禁止可以被以民法第 761 條的其他方式讓與。因此本題倉庫營業人 B 以民法第 761 條第 1 項的現實交付方式，讓與倉單所載牛肉所有權於 D，自屬於法有據，故不排除 D 可以主張善意取得牛肉所有權。

(結)(論)：冷凍牛肉所有權屬 D 所有。

題後說明

1.倉單的背書交付，使得倉單受讓人取得對倉庫業者的貨物交付請求權，所以本質上也是民法第 761 條第 3 項「讓與返還請求權」交付方式之一，則依本書意見，當然倉單所載貨物也就有被善意取得的可能[10]，例如小偷竊盜某物，而堆藏於倉庫業者並填發倉單，並透過倉單背書轉讓方式，將貨物所有權移轉讓與給善意第三人，不排除善意倉單受讓人，可以主張善意取得貨物所有權。但必須注意的是，畢竟受讓人經由倉單背書，所取得者仍只是對倉庫營業人的返還請求權而已，故倉單受讓人的善意取得貨物，仍必須受到限制，例如倉庫營業人先將貨物無權處分給他人，之後倉單持有人才將倉單背書轉讓給善意受讓人，則倉單受讓人即無得主張善意取得貨物所有權，因為倉單持有人對於倉單所載的貨物返還請求權，能否實現，就如同受讓一般債權般，該善意不受保護。

2.實務上也不乏貨物所有權人以倉單設質。而以倉單設定質權，法律上貨物所有權人是以「對倉庫業者的貨物交付請求權」設質，故所成立者應是「權利質權」，而非是對貨物本身設立一般動產質權。

---

[10]　謝在全，《民法物權論（上）》，第 418 頁。

例題 9　【高中生買機車】──命令交付的善意取得

　　A是高中生，在未告知父母親的情況下，向零售商 B 以五萬元購買機車一部。但因缺貨，B 遂立即向出貨大盤商 C 以四萬五千元訂購一部機車，雙方約定附條件買賣（所有權保留買賣），約定 B 必須全部價金給付完畢後，始能取得機車所有權，但 C 也一如一般正常的「附條件買賣」（所有權保留買賣），同意 B 可以在合於一般正常的交易情況下，處分機車❶。C 在 B 的要求下，將機車直接交付於 A。其後因為 B 遲遲無法支付價金完畢，C 得否向 B 主張返還其取得之五萬元價金?

說　明

　　動產所有權因交付而移轉，而民法第 761 條所規範的交付方式，只有三種：現實交付（第 1 項）、占有改定（第 2 項）及讓與返還請求權（或稱「指示交付」：第 3 項）。但是在交易實務上，特別是在「三人給付關係」的「連鎖給付」上，往往零售商（讓與人）為了節省運送成本，會要求出貨廠商（第三人）直接將動產交付給消費者（受讓人），造成動產占有變動由出貨廠商（第三人）直接移轉到消費者（受讓人），零售商（讓與人）卻從未取得動產的占有。如此的交付方式，理論上稱之為「命令交付」或是「指令交付」，其所衍生的「善意取得」法律問題，自有討論及練習的必要。

擬　答

　　因為 B、C 根據「附條件買賣」（所有權保留買賣）約定，B 必須在全部價金給付完畢後，始能取得機車所有權。而題示 B 卻遲遲無法支付價金完畢，故 B 始終未能取得機車的所有權，但卻又將機車出售處分給 A，因此構成無權處分，而致使 C 有善意取得所有權的可能，所以 C 可能可以根據民法第 179 條的「侵害型不當得利」，向 B 主張所取得五萬元價金的償

❶　參閱例題 42【製藥工廠】。

還❶。要件檢查如下：

1.在「連鎖給付」關係上，往往零售商會利用第三人，指示出貨廠商將貨物直接交付給消費者，而自己卻從未直接占有過貨物，則似乎零售商也就從未能根據民法第 761 條第 1 項取得貨物的所有權。但雖然如此，今日學說❸認為，在「連鎖給付」關係下，零售商由出貨廠商處取得銷售貨物的所有權，無須透過對貨物的直接占有，只要出貨廠商在零售商的指示命令下，將貨物的直接占有交付給消費者，零售商就可以由出貨廠商處取得所有權。本題擬答亦認同此種的交付方式，因為固然此種「命令交付」不在民法第 761 條的規範內，但就商業交易上，自有其必要性及需求性，而普遍為今日一般交易所採用，故也早為習慣法所承認。依此，本題零售商 B 雖然從未由出貨大盤商 C 處，取得機車的占有，但是只要消費者 A 由出貨大盤商 C 處所取得的機車占有，是經由零售商 B 的命令指示所完成，則即可以肯定 B 機車所有權交付移轉，也曾在 B、C 間完成，學說有謂機車所有權「瞬間」在 B、C 間完成（即「法律瞬間取得」）。

2.因為出貨大盤商 C 的機車交付給消費者 A 的行為，是受零售商 B 的命令指示為之，因此法律上就也將之視為是 B 向 A 所為的民法第 761 條第 1 項的交付行為，因此機車所有權移轉亦無疑義的發生在 A、B 之間。而且本題即使 A 是一限制行為能力人，其所為的法律行為原應得到其法定代理人之同意始能生效，但因所有權取得行為是一「純獲法律上利益」之行為，故依民法第 77 條但書，A 無須得到其法定代理人的同意，其所為的機車所有權受讓行為，即為有效。

3.但因為 B 對 C 尚未完全給付價金完畢，所以兩人間的所有權移轉讓與合意的條件尚未成就，B 仍未能取得機車所有權，所以 B 將機車讓與給 A 的行為，不排除可能是一個無權處分行為（參照民法第 118 條第 1 項）。

(1)如果 A 因 B 的無權處分行為而善意取得機車所有權，致使 C 喪失其所有權，而 B 獲有五萬元的價金利益，因此侵害 C 的「專屬權益」，不

---

❶　頗有爭議，請參閱：劉昭辰，《債法總論實例研習——法定之債》，例題 25。

❸　Schreiber, Sachenrecht Rdn. 157.

排除 C 即可以對 B 主張「侵害型不當得利」，請求 B 償還所得五萬元價金利益。問題是，A 是否會因善意取得機車所有權，而致使 C 所有權的專屬權益受有侵害？關鍵在於，在「命令交付」移轉動產所有權交付方式，動產從未在讓與人的事實管領占有中，即善意受讓人無法藉由讓與人占有動產之基礎及表象，而主張善意信賴讓與人是動產所有權人，因此似乎善意受讓人就無得藉由民法第 801、948 條的相關占有保護規定，主張善意取得動產所有權。

雖然如此，通說❹仍然肯定以「命令交付」方式善意取得動產的可能性，因為此時善意受讓人所信賴者自然就不是讓與人對動產的占有表象，而是讓與人可以經由「命令第三人」將動產交付於自己的事實上處分力，換言之，善意受讓人信賴的是讓與人對動產有事實上的支配能力。對此，本文亦贊同之，因為基於「連鎖給付」的方便性，讓與人命令第三人將動產交付於受讓人，而使受讓人取得動產的占有，實則等同受讓人所信賴者為讓與人可以透過「命令」使第三人將動產交付給讓與人自己占有之表象，故確實產生受讓人有足夠之信賴基礎，可以相信讓與人對動產不乏有占有的地位，因此依民法第 801 條及第 948 條之規定，本題善意受讓人 A 可以由零售商 B 處，善意取得機車所有權。

(2)只是本題並非是「無權處分及善意取得」的案例，因為本題 B、C 間在「附條件買賣」（所有權保留買賣）中，已經約定 B 可以在合於一般正常的交易情況下，處分機車動產，所以可以認為 B 所為的是有權處分行為，而非無權處分，因此 B 出售讓與機車給 A 而獲得的價金五萬元，就不是無權處分 C 機車所有權的所得，故亦無侵害 C 的「專屬權益」可言，因此也就不構成民法第 179 條的不當得利。

結 論：C 無得對 B 主張五萬元價金的償還。

---

❹　Schreiber, Sachenrecht Rdn. 167.

題後說明

本題出貨大盤商 C 和零售商 B 在「附條件買賣」(所有權保留買賣)約款中，約定 B 可以在合於一般正常的交易情況下，處分機車動產，是一種在商人間相當普遍的約款，因為藉由有權處分，零售商即可以有權出售讓與機車，而取得價金現金，以利於盡速返還欠款於大盤出貨商，皆大歡喜。必須強調的是，如此的約款當然不會出現在零售商和消費者間的「附條件買賣」約款上。

例題 10 【無辜的書商】──表象命令交付的善意取得

書商 A 專經營國小教科書，向某國小合作社經理 B 請託，探詢有無可能向學校 C 推銷並出售教科書。B 見機不可失，遂以自己名義和學校 C 訂立購書契約，B 於收受貨款後並通知 A 可以交書；A 在交書後欲向 C 請款，始知實情。因 C 堅持已經付款給 B，不願再付款，但 B 又不知去向，A 無奈要求 C 必須返還書籍，有無理由？

說 明

一般正常的「命令交付」方式，會有善意取得情況，已在例題 9 中加以練習。但是實務上不乏會有「表象的命令交付」型態，其間所會發生的善意取得可能性，是一個實務上相當有爭議的問題。

擬 答

A 可能可以根據民法第 767 條第 1 項前段，向 C 主張書籍的占有返還。而關鍵前提在於，是否 C 已經取得書籍所有權，故而無須返還於 A？因為本題合作社經理 B 是以自己名義和學校 C 訂約，因此可以認定學校 C 和合作社經理 B 之間，存在書籍所有權移轉的「讓與合意」，但因書籍所有權不屬於 B 所有，是故 B 無權處分書籍所有權於 C，根據民法第 118 條第 1 項屬「效力未定」。

1.問題是，學校 C 得否主張「善意取得」書籍所有權？因為本題學校 C 雖取得書籍的事實上管領力占有，但按民法第 801、948 條及第 761 條第 1 項的善意取得成立要件，若 C 要主張由 B 處善意取得書籍所有權，則須以受讓人 C 是經由讓與人 B 的交付行為而占有書籍為必要[15]，換言之，必須在讓與人 B 和受讓人 C 間存在有動產的交付行為，受讓人 C 始有主張善意取得的可能。而一般正常的「命令交付」，因為第三人是經由讓與人的

---

[15] 非讓與人的交付行為，而是受讓人自行由讓與人處強取動產標的物者，仍非是民法第 761 條第 1 項的現實交付，受讓人仍不能取得動產所有權。

命令而交付動產給受讓人，故受讓人所取得的占有，確實是由讓與人所交付❶，但是本題 A 並不是受命於 B 而交付書籍給 C，故不存在有 B 對 C 的交付行為，因此不是一般正常的「命令交付」型態，而僅僅是由學校 C 的觀點，誤以為書商 A 的交付行為是受 B 的命令為之而已，是一種表象的命令交付。而學校 C 如此所善意相信的表象，是否足以主張善意取得？則不無爭議。

(1)肯定說❶

　　此說認為基於「命令交付」方式具有實際交易上的需求性，故受讓人信賴「命令交付」表象存在的善意，自有保護的必要性，否則一旦善意受讓人在此情況不能善意取得，將不會再有受讓人願意接受「命令交付」方式，「命令交付」就會完全失去其交易的重要性。

(2)否定說❶

　　此說認為，學校 C 值得受善意取得保護，而可以主張由 B 處取得書籍所有權，其前提必須是 B 確實存在有書籍交付給 C 的行為存在，C 單單僅是善意相信 A 是受 B 的命令而交付書籍於己，並不足以主張由 B 處善意取得書籍的所有權。

(3)解題意見

　　固然本題學校 C 有善意存在，但是不能忽略的是，A 也是無辜的善意之人，如果就此肯定 C 可以善意取得書籍所有權，則對於 A 的善意保護又何嘗足夠？對於原物所有權人和善意取得人之間的法律取捨，本題擬答以為可以民法第 949 條作為典型的參考規範；而立法者的取捨標準，在於是否受讓人所善意相信的表象是原物所有人所造成。如果肯定受讓人所善意相信的受讓表象，是原物所有人所造成，則就存在有剝奪原物所有人所有權的正當化理由。而本題卻不是如此，因為書商 A 也是被 B 所騙的受害者，而且也不存在有 A 必須懷疑遭受 B 所騙的情狀存在，特別是吾人不能

---

❶　參閱例題 9【高中生買機車】。

❶　BGH NJW 1974, 1132; Wolf, Sachenrecht Rdn. 419.

❶　BGHZ 10, 81; Palandt/Bassenge, §932 Rdn. 4.

輕易以「因為是書商 A 自己直接將書籍交付給學校 C，所以書商 A 就必須為自己的行為負責」為由，而認為學校 C 的信賴表象是可歸責於書商 A 的行為所造成，而不考慮書商 A 根本無從得知 B、C 之間可能存在的法律關係，卻一概要求 A 必須對 C 的信賴負起責任。因為任何人都無須對自己所不知道的潛藏法律關係，加以計算、考慮而負責[19]，否則以後將不會有任何人敢向契約以外的當事人為交付，結果也會造成事實上將不會再存在有「命令交付」的型態，而有害經濟發展。因此本題擬答以為，學校 C 並無法善意取得書籍所有權。

結論：書商 A 可以向學校 C 主張書籍的占有返還。

題後說明

本例題在不當得利的討論上，也是一個有名的爭議問題[20]。無爭議的是，如果認為本題學校 C 不能善意取得書籍所有權，因此 A 可以向 C 主張民法第 767 條第 1 項前段的書籍返還，則自然 A 也可以向 C 主張 C 書籍占有的「侵害型不當得利」的返還，而 C 則不能以「非給付型不當得利的補充性原則」以為拒絕返還的抗辯。但如果認為學校 C 可以善意取得書籍所有權，則 C 自然也可以主張自己的書籍所有權是來自於 B 給付的結果，故根據「非給付型不當得利的補充性原則」，而可以拒絕向 A 為不當得利返還。此時 A 只能改向 B 主張「非給付型不當得利」返還，請求償還書籍的相當價金[21]。

---

[19] Schnauder, Der Stand der Rechtsprechung zur Leistungskondiktion, JuS 1994, 537, 539。

[20] 劉昭辰，《政大法學評論》，第 127 期，第 287 頁以下。

[21] 本案例題型詳細的不當得利法律關係相關解答，請參閱劉昭辰，《債法總論實例研習——法定之債》，例題 10。

例題 11　【狐假虎威的債權人】——盜贓、遺失物的善意取得

A、B 兩人為某名貴珠寶買賣纏訟多年，因為 A 堅稱自己是受監護宣告之人，但 B 卻反駁認為監護宣告無效。B 為求取得珠寶，不惜偽造法院假扣押判決，並在警察友人的陪同下，一起向 A 請求交付珠寶。雖然 A 百般不願意，但卻懼於強制執行人員的公權力（警察），所以無奈將珠寶交付於 B。

待 A 經過律師的法律諮詢，始知受騙，遂向 B 主張返還珠寶，B 卻表示已經將珠寶出售於善意的 C。A 得否向 C 主張珠寶返還？❷❷

說　明

所有權人可以向無權占有人請求返還所有物，民法第 767 條第 1 項前段定有明文。只是如果第三人善意取得標的物所有權，則原所有權人即喪失所有權，故就不能對之主張所有物返還。但如果標的物是「盜贓、遺失物」，或是「非基於原占有人意思而喪失占有」，則根據民法第 949 條，所有權人仍可以在兩年內，對之主張所有物返還，是為民法第 801 條及第 948 條動產善意取得的特別規定。因此判斷何物是「盜贓、遺失物」，或是何物是「非基於原占有人意思而喪失占有」，就顯得重要。

擬　答

A 可以向 C 主張珠寶返還的請求權基礎，可能是民法第 767 條第 1 項。而如果 C 可以根據民法第 801、948 條主張善意取得珠寶的所有權，則自然 A 就喪失其民法第 767 條第 1 項的請求權。但必須考慮的是民法第 949 條的特別規定，即如果 A 將珠寶交付於 B 的行為，構成「非基於原占有人意思而喪失占有」，則 A 就仍可以在兩年內向 C 主張珠寶返還。

1.如果本例題的事實是強制執行人員基於強制執行程序，直接以強制力，由 A 手中將珠寶取走，則似乎 A 喪失珠寶的占有，即是「非基於原占

❷❷　本題取材自德國最高法院判決：BGHZ 4, 10。

有人意思而喪失」。但通說❷以為，不論強制執行有無瑕疵，例如錯誤扣押他人之物，抑或強制執行名義事後被撤銷，強制執行機關由債務人處取走標的物，並不構成民法第 949 條的「非基於原占有人之意思而喪失其占有」，因為「占有人的占有移轉意思，已經經由強制執行機關基於公法上的權限所取代」，故而非屬盜贓、遺失物性質，因此也就無「盜贓、遺失物排除善意取得」相關規定的適用餘地。換言之，強制執行的效果應回歸公法關係處理，而不宜以私法效果認定，故亦無民法第 949 條的適用。但如果自始就欠缺有效的強制執行行為存在，例如債權人偽造法院假扣押判決，強制執行人員不察而以強制力直接由債務人處取走占有，可否適用民法第 949 條「非基於原占有人之意思而喪失其占有者」？則學說❷頗有爭議。但不論如何，本題事實並非如此。

2.本題事實是，A 基於根本自始就不存在的強制執行名義（偽造的假扣押判決），因懼於國家強制執行的公權力（假象），而主動將珠寶標的物交付於債權人 B，是否符合「基於原占有人意思而喪失占有」？因此第三人 C 仍得主張善意取得珠寶所有權？討論如下：

⑴有爭議的是，如果誠如 A 所主張，其是受監護宣告之人而無行為能力，則無行為能力人將標的物交付於他人，因而喪失占有，是否是一「基於原占有人意思而喪失占有」？占有僅是一事實行為，因此占有喪失是否是基於占有人意思，其判斷似乎僅須以占有人有無自然的辨識能力即為已足，至於占有人是否有行為能力，對於占有喪失是否基於占有人意思，似乎應在所不問。但學說❷卻以為，無行為能力人（包括受監護宣告之人）所為的占有交付行為，應一概認定「非是基於其意思而交付」，以貫徹對無行為能力人的保護；至於限制行為能力人所為的占有交付行為，才須視是否有足夠的辨識能力為定。只是本題即使依學說見解，但因 A 的監護宣告是否

---

❷　BGHZ 4, 10, 33, 34; MünchKomm/Quack, §935 Rdn. 13。

❷　認為不適用者：MünchKomm/Quack, §935 Rdn. 13。認為適用者：Palandt/ Bassenge, §935 Rdn. 6。

❷　鄭冠宇，《民法物權》，註釋 52，第 100 頁。

有效仍有待事實的釐清，故尚無法肯定有民法第 949 條的適用。

(2)問題是，A 是基於心理的畏懼而主動交付珠寶於 B，因而喪失珠寶的占有，和珠寶被 B 基於物理力強取而喪失占有，兩者之間有無相似之處，而可互為比較，因而不排除可以構成「非基於原占有人意思而喪失占有」?

①最高法院 89 年臺上字第 1377 號判決❷

其理由謂：「按占有人其占有，被侵奪者，固得請求返還其占有物，惟所謂占有被侵奪，係指占有對於物之管領力，被他人奪取，失去其管領力而言，若非由於奪取，而係由占有人交付者，縱交付係被詐欺、恐嚇所致，亦難謂為占有被侵奪」。按最高法院判決意旨，似傾向認為因「恐嚇」而交付標的物，仍是基於占有人之意思而喪失標的物占有。

②解題意見

本題擬答則認為，是否因恐嚇而交付占有，可以構成「基於原占有人意思而喪失占有」，不能一概而論，例如僅是單純的言語恐嚇，因此一般人尚不排除有防衛的可能性時，則只是因為占有人自己心生恐懼，而交付占有於恐嚇人，則認為占有人是「基於自己的意思而交付占有」，尚可理解❷。但如果是以將來可能的暴力為威脅的恐嚇交付，致使占有人受到不可反抗的心理壓力故交付占有，其實已經和使用暴力而取得占有本身無異，此時應認為占有人確實是因「非基於自己意思而喪失占有」才是。以本題而言，債權人 B 向債務人 A 索取珠寶的背後憑藉即是國家公權力，而 A 也確實是因懼於國家公權力的實施（合法暴力）無得反抗，故而無奈交付珠寶於 B，故應認為 A 非是基於自己的意思而交付珠寶於 B，因此終究第三人 C 並無得主張善意取得。

結 論：A 可以向 C 主張珠寶的返還。

---

❷ 謝在全，《民法物權論（下）》，第 650 頁。

❷ Palandt/Bassenge, §935 Rdn. 3。感謝中興大學學生的課堂意見提供。

例題 12　【億萬里貨運行】——無擔保負擔的善意取得

　　A、B 二人合夥開設「億萬里貨運行」，而僅 A 為執行業務股東。為經營貨運行業務，A 遂向 B 的姊姊 C 承租空地，以停放貨運行的貨車。但因油價高漲，故貨運生意賠錢，「億萬里貨運行」已經多月未能支付租金給 C。

　　就在 A 煩惱之虞，有貨運同行 D 表示願意向「億萬里貨運行」購買貨車兩部，A 向 B 詢問意見，B 在和姊姊 C 商量後，共同向 A 表示反對之意。但為挽救貨運行經營，A 卻仍執意出售，並趁 B、C 不在時，交付一部「小發財貨車」於 D，只是因另一部「吉利貨車」尚必須用來運送貨品，故 D 同意暫時供「億萬里貨運行」使用，並約定下星期交車。B、C 得知此事，一起向 D 主張「小發財貨車」返還，並要求 D 不能再取走「吉利貨車」，是否有理？

說　明

　　善意取得制度是一健全的經濟社會必有的法律制度，以充分保護交易安全。而善意取得所保護者，不僅是保護善意第三人可以取得物之所有權，也保障善意第三人可以取得完整的所有權，其上並無任何的負擔。

擬　答

1. B 可能可以向 D 主張

(1)民法第 962 條

　　B 可能可以根據民法第 962 條前段，主張因為 A 未得其同意而交付「小發財貨車」給 D，侵奪其對「小發財貨車」的共同占有，且因不排除占有繼受人 D 可能惡意明知該侵奪事實❷❽，故向 D 主張「小發財貨車」占有返還於合夥組織。而該請求權的成立，以不執行業務股東 B 擁有「小發財貨車」的占有為前提，至於合夥組織中的不執行業務股東，對於合夥財

❷❽　參閱例題 4【誤拿手機】。

產是否有占有地位？不無爭議，有認為❷「合夥組織中的不執行業務股東，並未占有合夥財產」，也有認為❸「不執行業務股東也可以根據事實的管領力，占有合夥財產，只是因為執行業務股東因有代表合夥組織處分合夥財產的權限，所以其處分行為並不構成侵奪不執行業務股東占有」。對此，本題擬答採後說見解，因為占有純是一事實，占有的有無應僅能就個別事實加以判斷，至於合夥股東有無執行業務的權限，尚非是判斷股東有無占有事實的根據，但不論採何見解，本題終究 B 都不能主張其對「小發財貨車」的占有受侵奪，因此 B 也不能主張民法第 962 條的救濟。

⑵民法第 767 條第 1 項前段

　　根據民法第 767 條第 1 項前段規定，所有權人可以對無權占有人主張返還所有物，因此不排除 B 可能以「小發財貨車所有權人」地位，向 D 主張「小發財貨車」的占有返還。必須強調的是，雖然合夥財產的法律性質是公同共有（參照民法第 668 條），按公同共有性質，原本個別合夥人並無自己「應有部分」可以單獨主張所有物的返還，但是民法第 828 條第 2 項修訂的結果，卻規範公同共有可以準用民法第 821 條分別共有規定，使得各公同共有人得就共有物之全部為本於所有權之請求，而可以自己單獨一人名義，向第三人主張共有物返還。雖然如此，但因本題執行業務股東 A 有代表合夥組織處分合夥財產的權限，故 A 將「小發財貨車」讓與並交付於 D，屬於有權處分，因此 D 有效取得「小發財貨車」所有權，故對合夥人 B 自亦不構成無權占有，所以 B 當然也就不能根據民法第 767 條第 1 項前段，向 D 請求返還「小發財貨車」占有於合夥組織。同樣地，因為 D 也有效取得「吉利貨車」的所有權，所以 B 也不能向 D 主張禁止取走「吉利貨車」。

結論：B 無得向 D 主張將「小發財貨車」返還占有或是禁止取走「吉利貨車」。

---

❷　BGHZ 57, 166.

❸　Gottwald, PdW Sachenrecht Fall 2.

2. C 的法定留置權主張

因為不動產出租人法定留置權的成立，不以占有留置物為必要**㉛**，故亦無占有留置物的權限，因此本題 C 自亦無得對 D 主張民法第 962 條或是民法第 767 條第 1 項及第 2 項的占有返還及除去占有妨害請求權。而參酌德國民法第 562 b 規定有：「出租人可以請求將留置物返還回不動產內」，但我國民法卻欠缺如此規定，只是民法第 447 條第 1 項前段規定有：「出租人有提出異議權者，得不聲請法院，逕行阻止承租人取去其留置物」，因此可以認為即使欠缺占有留置物權限的出租人，仍具有權限可以決定留置物的留置所在地才是，因此法官可以基於「法官造法」思維，透過法院的判決勇於肯定 C 可以對 D 主張必須將「小發財貨車」返還回原地，並可以禁止 D 取走「吉利貨車」，以維護原先留置物應有的留置狀態。至於該請求權存在的前提，必須是 C 擁有對「小發財貨車」的法定留置權。要件檢查如下：

⑴民法第 445 條第 1 項

因為本題 C 將空地出租給合夥組織，因此一旦合夥組織無法按時給付租金給 C，則不排除 C 可以根據民法第 445 條第 1 項對置於租賃不動產土地上，就合夥組織所有的貨車，主張成立法定留置權。

至於貨車中的一部「小發財」，已經被 D 所取走，本應按民法第 446 條第 1 項本文，出租人 C 的留置權消滅，但可以考慮的是，是否因出租人 C 曾提出異議，所以貨車自不動產租賃土地的取走，並不使出租人 C 的留置權消滅？只是根據學說**㉜**意見，固然貨運行營業事務主要在於「貨物運送」，但基於對合夥組織資金的調度及營業獲利的需求，不排除出售、讓與合夥組織財產，也是合夥必要的「業務」事項，因此本題即使 C 曾對貨車的讓與提出異議，但根據民法第 446 條第 2 項，C 的異議並非法律所許可，

㉛ 參照民法第 447 條第 1 項後段規定可以清楚得知，不動產出租人法定留置權的成立，不以占有留置物為必要：「出租人有提出異議權者，得不聲請法院，逕行阻止承租人取去其留置物；如承租人離去租賃之不動產者，並得占有其物」。

㉜ Palandt/Bassenge, §854 Rdn. 16.

因此 A 取走「小發財貨車」有理，C 的留置權消滅。也正是因為 A 取走「小發財貨車」有理，因此是否 A 的取走貨車是趁出租人 C 所不知，則已非所問❸。

結論：C 無得向 D 主張將「小發財貨車」返還回原地。

(2) C 善意取得「吉利貨車」無負擔的所有權

至於另一部「吉利貨車」，因為尚未被取走，所以 C 對之有法定留置權，自不待言。但因為本題 A 處分貨車是在合夥業務範圍之內，即是在其執行合夥業務權限之內，故其所有權處分行為本應是一有權處分行為，D 似乎可以順理成章取得貨車所有權，只是因為「吉利貨車」上仍存有 C 的法定留置權，基於擔保物權的追及性，D 似乎也必須承受該法定留置權。但問題是，是否本題 D 可以主張善意不知「吉利貨車」上存在有法定留置權，故根據善意保護規定，應取得無留置權的貨車完整所有權，因此 C 也就不可以再對 D 主張留置權，而不能禁止 D 將「吉利貨車」取走？但在有權處分情況下，受讓人能否善意取得無負擔的所有權？民法的善意取得相關規定，並未處理該問題，但如果依交易安全的保護意旨，當然必須肯定之，況且如果「無權處分」的善意取得，取得人都可以主張無負擔的所有權取得，更何況是「有權處分」的情況，舉重明輕，更應肯定無負擔所有權的善意取得才是❸。因此如果本題 D 既非明知，亦無重大過失而不知有法定留置權的存在，則 D 就可以主張善意取得無法定留置權負擔的「吉利貨車」所有權。

只是對於物權善意取得規定，民法第 948 條第 2 項又規定：「動產占有之受讓，係依第七百六十一條第二項規定為之者，以受讓人受現實交付且交付時善意為限，始受前項規定之保護」，明訂以「占有改定方式」而取得動產物權者，因原動產物權人仍占有動產，所以欠缺動產占有移轉的公示性，因此動產受讓人不能主張善意取得物權。相同的立法意旨，亦可適用

---

❸ Jauernig/Teichmann, §560 Rdn. 4。

❸ 謝在全，《民法物權論（上）》，第 420 頁。

於善意取得無負擔的動產所有權，因此本題因為 D 是以「占有改定」方式取得「吉利貨車」所有權，在其尚未取得對貨車的事實管領力前，其善意取得保護受有限制，而無法主張善意取得無留置權負擔的貨車所有權，因此 C 仍可以禁止 D 取走「吉利貨車」。

結論：C 對「吉利貨車」仍存有留置權，而可以主張 D 不能取走「吉利貨車」。

題後說明

　　1.強制執行法第 53 條第 2 款規定：「債務人及其共同生活之親屬職業上或教育上所必需之器具、物品」，不能成為強制執行客體，則本題似乎 A、B 合夥事業的「貨車」，就是屬於債務人「職業上」所需之器具，故不得強制執行。但是債務人的「廠房」、「生產機械」是最典型的強制執行客體，並無疑義，因此強制執行法第 53 條第 2 款，必須作嚴格的解釋，始符合立法目的，故應認為一般債務人所必要的職業用品，且不具高度經濟價值者，例如醫生的聽診器❸，或是律師的六法全書，始是強制執行法第 53 條第 2 款所欲規範的客體，故本題對貨運行「貨車」為強制執行，並無違反強制執行法第 53 條第 2 款規定之虞。

　　2.民法第 445 條的出租人法定留置權客體，以承租人所有之物為必要。基於「合夥財產」獨立於「合夥人個人財產」之原則，因此本題的承租人是「合夥組織」（全體合夥人），一旦合夥組織因無法支付租金，出租人 B 對「合夥財產」主張法定留置權，仍是對「承租人之物」主張法定留置權，而非是對出租人 B 自己之物主張留置權。

---

❸　張登科，《強制執行法》，第 260 頁。

例題 13 【現代化圖書館】——動產附合成為不動產的重要成分

　　某文教基金會 A 正計畫建造現代化圖書館大樓，為此向廠商 B 以「所有權保留」方式，訂購型號 QD423 的高速電梯一座。並為慶祝圖書館建成，同時委由 B 在館旁空地建造一活動式展覽館，展出基金會會史，並預計在圖書館使用一年後，將展覽館拆除，贈與某大學。

　　就在圖書館建成後不久，基金會 A 因財務陷入困難，債權人 C 基於對土地及圖書館的抵押權，而聲請扣押及拍賣土地和圖書館。而廠商 B 因為基金會 A 無法履約付款，故依約要取回電梯及展覽館，但卻被抵押權人 C 所反對。誰有道理？

說　明

　　物的成分（重要及非重要）及對主物、從物的判斷，自有其法律上的意義，因為物的處分，當然及於其重要成分，自不待言，而民法第 68 條第 2 項更規定：「主物的處分及於從物」。此外，就法律實務上而言，判斷物的重要成分或是主物、從物，在強制執行法及破產法上是一非常重要的關鍵問題，因為涉及抵押權人（債權人）可以主張優先受償的範圍有多廣。而也必須提醒解題者，該判斷在實務上絕非易事，想像一下：工廠必須不時更換機器零件，或是以「所有權保留方式」向廠商購買零件，或是基於修繕而取得新零件的更換，一旦工廠破產，零件廠商或是修繕承攬人無法取得價金或是報酬，單是判斷一部機器的「重要成分」或是「主物、從物」性質，就非易事，也使得強制執行及破產程序，顯得棘手。

擬　答

1.電梯部分——不動產重要成分

　　固然承造人 C 對圖書館有法定抵押權（參照民法第 513 條），且抵押

權範圍及於物之重要成分，但本題廠商 B 是以「所有權保留」方式，出售電梯給文教基金會 A，因此在 A 尚未完全清償價金之前，電梯所有權本應仍屬廠商 B 所有，因此問題關鍵在於，是否廠商 B 所提供的電梯，會因民法第 811 條規定而成為圖書館的重要成分，因此亦為 C 抵押權範圍所及？

⑴非毀損不能分離，分離需費過鉅

　　動產或是不動產（物）的重要成分定義，參照民法第 811 條規定，是指物體發生緊密的結合，而致使①非毀損不能分離，或是②分離需費過鉅，此時被附合的物體構成合成物的重要成分，而失去其原本單獨所有權的法律意義。須注意的是，所謂「非毀損不能分離」，非但是以自然觀點為檢視，也是以經濟觀點為檢視，因此吾人不能誤解所謂「非毀損不能分離」是指分離後會造成動產本體的毀損（自然觀點），始構成合成物的重要成分，因為如以經濟觀點檢視，則所謂非毀損不能分離，係指分離後的動產，不論是結合的部分或是被結合的部分，任一標的如不能再像之前一樣的發揮經濟效益，就成為合成物的重要成分，例如名牌服飾上的鈕釦，如果脫落，雖然不會毀損服飾或是鈕釦，但因為經濟上該名牌服飾並不適用其他一般鈕釦，故名牌服飾會因鈕釦的脫落，而明顯失其經濟價值，所以該脫落的鈕釦構成服飾的重要成分，相反地，一般平價襯衫的鈕釦，因經濟上具有可替換性，所以不構成重要成分。依此，以本題的圖書館電梯而言，除非是特定為大樓所打造，否則如果是如同題示的系列化生產的電梯，不論是圖書館大樓或是被拆除後的電梯，可預見都仍具有經濟效益及使用性，所以本題系列化生產的電梯，也就不會因為裝設到圖書館大樓後，即因「非毀損不能分離」或是「分離需費過鉅」的定義，而構成圖書館大樓的重要成分。

⑵完成不動產建築物所必須者

　　只是對於不動產的重要成分認定，具有特殊性，而須再對其他要素為特別檢視。例如房屋的門窗、屋瓦，如果按上述「非毀損不能分離」或是「分離需費過鉅」，則似乎都不應構成大樓的重要成分，但如此結論明顯不符合一般社會觀點的理解，因此對於不動產的重要成分認定，則尚必須再

以經濟觀點檢視，是否依一般社會觀點，不動產如欠缺該物體，即不算建造完成**㊱**？如果是，則該物體即構成不動產的重要成分，典型例子就是房屋的門窗屋瓦。依此觀點，則本題的電梯亦應認定是圖書館大樓的重要成分，因為一般而言，無電梯的大樓明顯將會造成使用者的不方便，甚而是無法使用大樓，故無法發揮其功能，因此欠缺電梯的大樓，即尚難謂已完成大樓的建造，因此大樓的電梯就構成大樓的重要成分。依此，終究應認定本題的電梯已因裝設至圖書館大樓，而根據附合規定構成圖書館大樓的重要成分。

：因為電梯已經構成圖書館大樓的重要成分，所以廠商 B 喪失其電梯所有權，而為 C 抵押權範圍所及。

2.展覽館部分

(1)增設營造建築物

可以考慮的是，是否該展覽館構成土地所有權人於抵押設定後，所增設的營造建築物？若是，根據民法第 862 條第 3 項準用民法第 877 條第 1 項規定，抵押權人亦可聲請與土地一起拍賣：「土地所有人於設定抵押權後，在抵押之土地上營造建築物者，抵押權人於必要時，得於強制執行程序中聲請法院將其建築物與土地併付拍賣。但對於建築物之價金，無優先受清償之權」。只是民法第 877 條第 1 項所謂的營造建築物，並未有清楚定義，若以立法內容觀之，應指具備不動產性質者，始為條文所謂的「營造建築物」，至於不動產定義，大法官釋字第 93 號解釋揭示，須具備①附著性、②持續性及③經濟性，因此本題一個僅具臨時附著於土地的展覽館建物，而欠缺附著的持續性，自尚未能構成一獨立的不動產，故也就並不具民法第 862 條第 3 項的不動產「營造建築物」性質，因此也不應有民法第 877 條的準用餘地。

(2)土地的從物

即使認為本題的展覽館，尚未能構成土地的不動產「營造建築物」，但

㊱ 參閱德國民法第 94 條第 2 項立法例。

不排除如果該展覽館可以構成土地的從物，則根據民法第 862 條第 1 項規定：「抵押權之效力，及於抵押物之從物與從權利」，則亦為 C 抵押權範圍所及 ❸。而根據民法第 68 條第 1 項的從物定義：「非主物之成分，常助主物之效用，而同屬於一人者，為從物」，所應檢視者：①從物須為獨立物，②和主物具有經濟上的輔助性，③同屬一人。

　　就第一個要件而言，對於物體究竟是他物的「成分」抑或「獨立從物」，有時並不易判斷，而必須借助一般社會觀點判斷。以本題而言，因為展覽館僅具臨時性質，且可被拆除，所以在一般社會觀點下，應認定是一獨立物，而非是土地的（重要）成分才是。至於本題展覽館是否有助於土地的經濟效益，故而符合第二個從物要素？似亦應加以肯定，此可由土地會因而漲價的客觀事實可知。只是必須強調的是，對於不動產從物的判斷，除上述二要素之外，又具有特殊性，因為一個僅具暫時性的展覽館，對於土地的經濟價值的增加自也僅具暫時性而已，故也不宜就認定是土地的從物，而在法律上將兩者的經濟價值結合在一起。換言之，一個僅是暫時附著於土地的物體，因為日後該物體會由土地而移除，因此應認為該物體自具有自己獨立的經濟價值，而不是土地的從物才是。因此，在「臨時性」要素的檢視下，本題的展覽館應認定不是土地的從物，故無法根據民法第 862 條第 1 項，為土地抵押權範圍所及。

結論：展覽館不為抵押權範圍所及，故廠商 B 主張取回有理。

題後說明

　　1.如依一般社會觀點，當大樓不動產如欠缺特定物體，即不算建造完成，則該物體就構成大樓不動產的重要成分。該判斷往往必須取決於大樓建造的經濟目的性，因此如按本題的圖書館建造目的，則館內固定於地板的機械式書架，即使是易於拆卸，且拆卸後亦不損及其經濟價值，但仍應

---

❸　按正確的意見，不動產從物不論是在抵押前，或是在抵押後所存在，都為抵押效力所及，謝在全，《民法物權論（中）》，第 407 頁。

認定是圖書館的重要成分才是。

2.本題電梯因附合成為圖書館的重要成分，而失去電梯動產性質，故為 C 抵押權範圍所及，因此 B 可以對圖書館大樓的所有權人 A，根據民法第 816 條及第 179 條主張不當得利價額償還，並可以根據該債權請求，主張對圖書館大樓拍賣所得價金為分配。

3.本題的展覽館性質，究竟為何？本文以為，一個臨時的展覽館，並不構成獨立的不動產，故應是動產而已，故其所有權移轉也應以民法第761 條的「交付」方式為之，而非是以民法第 758 條的「登記」。而也正是本題的展覽館只是動產，因此地政機關也不應准許其為不動產所有權「登記」。但必須強調的是，一旦基金會將展覽館贈與某大學，而永久固定於該大學土地，則就具有不動產建築物的性質，而成為獨立的不動產建築物。

4.學說❸以為，建築物必須直到可遮蔽風雨，始構成獨立的不動產，至於尚未達此標準的物體，例如水泥柱、砌牆等等，此時法律性質僅是一動產❸。對此見解，本文則持遲疑態度，因為有鑒於該等物體已經強烈和土地定著在一起，故宜認為喪失其動產性質才是，該物體雖尚未達可以認定為獨立的不動產，但也只能認定是屬於土地的重要成分而已。且如果依通說意見，上述的水泥柱及砌牆如果是動產，則其所有權移轉，豈非必須依民法第 761 條的「交付」為之？而已經被強烈定著於土地上之物體，如何可以被交付？不無疑問。

---

❸　鄭冠宇，《民法物權》，第 134 頁，並參閱最高法院六十三年度第六次民庭庭推總會決議。

❸　參閱司法院 (76) 廳民二字第 1878 號函覆臺高院。

例題 14 【蓋農舍】——添附所生的求償

A 想以自己的建材，在自家農地上蓋農舍，遂委由建設公司 B 興建，雙方以 A 為農舍起造人，取得農委會許可，並向營建主管機關聲請取得建築執照。建設公司 B 在開始建造不久後，即因 A 並未提供門窗建材，而 B 本身亦並無相關的門窗建材，遂只能委由承包商 C 負責門窗裝置工程。C 依約將門窗裝設完畢，在尚未取得報酬前，建設公司 B 卻破產。

1. C 可以如何對 A 主張？
2. 如果該批門窗，是 B 由 C 處偷得，而裝設於 A 的農舍，則又如何？

說　明

不動產建築物的建造，往往會引發連串的物權法律問題，因為一則會發生「添附」問題，二則不動產建築物的建造材料來源，往往是來自於各方面的供應商，一旦供應商無法取得貨款，也會衍生出救濟問題。本題即是對此加以練習。

擬　答

1. C 可以對 A 主張的救濟，考慮如下：

⑴民法第 513 條第 1 項

C 不可以根據民法第 513 條第 1 項，對 A 所有的農舍主張有法定抵押權，因為 A、C 間並無存在有承攬契約關係。

⑵民法第 179 條及第 816 條

C 可能可以因為門窗已經附合於農舍，而失去所有權，故根據民法第 179 條、第 816 條及第 811 條改向 A 主張不當得利，請求償還門窗的相當價額。關鍵問題，討論如下：

①門窗因附合於農舍，故 A 取得農舍合成物所有權

雖然門窗裝設於農舍，並非是強烈牢固到「非毀損不能分離」或是「分

離需費過鉅」，但因為門窗是不動產農舍建造完成的不可欠缺之物，所以亦是屬於農舍的「重要成分」❹，因此發生附合情況，不動產農舍所有權人A取得合成物所有權。

②「非給付型不當得利的補充性原則」

A因附合取得門窗所有權，而致使C喪失門窗所有權，且兩人之間並無給付關係，因此可以考慮的是，是否C可以根據民法第179及第816條，向A主張「非給付型不當得利」（所謂「耗費型」）？但依無爭議的見解❹，民法第816條僅指「構成要件準用」不當得利，而非是「效果準用」，因此A、C間尚必須符合所有不當得利的構成要件，C始能對A請求償還所得附合利益。而因為A的門窗附合是來自於其承攬契約相對人B的給付所致，因此A就可以主張「非給付型不當得利的補充性原則」：「如果受益人所得利益是經由他人的給付行為而來，則受益人僅須對該給付人負給付型不當得利責任，而不須再負任何非給付型不當得利責任」❹，而拒絕對承攬契約以外第三人C負起「非給付型不當得利」責任。

結 論：C不能對A主張任何救濟。

2.如果是建設公司B偷竊C的門窗，而裝置於A的農舍，C可能可以考慮「非給付型不當得利」的請求權救濟

「非給付型不當得利的補充性原則」其目的是希望藉由該原則，使因給付而受益的受益人，無須直接對給付關係以外的第三人負不當得利責任，以保護受益人可以保有對給付人的所有契約抗辯利益，以免遭受不利益。但如果當受益人的利益無保護之必要時，「非給付型不當得利的補充性原則」也不乏有例外之時，例如民法第949條規定，盜贓、遺失物所有權人，在兩年內可以對善意受讓人請求返還，該立法意旨即明確表達：即使是經由法律行為受讓之善意第三人，相較於盜贓、遺失物所有權人，亦較不受

---

❹　參閱例題13【現代化圖書館】。

❹　謝在全，《民法物權論（上）》，第536頁。

❹　劉昭辰，《債法總論實例研習──法定之債》，例題19。

保護，依此，當盜贓、遺失物所有權人在兩年內向善意受讓之人根據非給付型不當得利請求返還所受利益，則當然善意受讓之人也就無得以「非給付型不當得利的補充性原則」為由，加以抗辯。相反地，在兩年後就法律的價值判斷上，善意受讓人 A 之保護反而就應優先於盜贓、遺失物所有權人 C，故此時 A 即可主張「非給付型不當得利的補充性原則」，而拒絕 C 之侵害型不當得利之主張。

結論：C 可以對 A 主張「非給付型不當得利」。

題後說明

1. 如果 C 因盜贓、遺失物，而可以對 A 主張「非給付型不當得利」或是「取回權」，則 A 就可以轉而向農舍營造承攬人 B 主張「權利瑕疵擔保」救濟。或許令人困擾的是，C 對 A 所主張的「非給付型不當得利」救濟，僅是「金錢的價額償還」而已，並非是針對農舍所有權主張「權利」（例如對門窗部分主張民法第 767 條第 1 項前段），故似乎也就無「權利瑕疵擔保」的問題才是？但就法律理論上而言，C 原本應依民法第 767 條第 1 項前段對 A 主張門窗所有權的返還 (vindicatio)，但因附合之故，A 取得門窗所有權，故 C 原本基於門窗所有權的物上請求權，就會改換成不當得利請求權 (condictio)，因此因添附所生的不當得利請求權，其性質根本上仍不脫是原先物上請求權的延續❹❸，故而 C 對 A 主張取得門窗附合利益的「不當得利」，實則本質上也就是對附合後的農舍所有權主張權利，故不排除 A 可以對農舍承攬人主張「權利瑕疵擔保」。

2. 不動產建物所有權原始取得人的認定，自始就是民法上困難的問題。最高法院 91 年臺上字第 2188 號判決首先認為可以以「起造人」，作為決定不動產建物所有權人的標準，之後卻在最高法院 96 年臺上字第 2851 號判決中認為「起造人」不能當成決定標準，而應以材料所有權人為認定標準才是，由此可見，如何認定不動產建物的原始取得人，於現行法上並無明

❹❸　王澤鑑，《不當得利》，第 176 頁。

確規範，因此意見紛歧。本文以為，基於「土地、房屋法律命運一致性」的思維，解釋上應盡量以土地所有權人同時可以原始取得房屋建物所有權為宜，以避免土地和房屋所有權分離的難解現象。而因現行法對於不動產建物的原始取得人，並無明確規範，因此也尚難謂本文意見有違法之虞 (contra legem)。

例題 15　【項鍊的贈與】──時效取得的不當得利

1. A 多年前出售珍珠項鍊一串給 B，但 A 卻遲遲不願交付，因為 A 認為買賣契約已經過調解而消滅。B 明知此事，卻仍提起訴訟，並獲勝訴判決，B 透過強制執行程序，終於取得珍珠項鍊。之後 B 將珍珠項鍊贈與其女 C，而 C 亦知此事。十一年後，A 透過再審程序（參照民事訴訟法第 500 條第 3 項、第 496 條第 12 款），確認 A、B 間買賣契約已因調解而消滅，法院撤銷原先的判決，因此 A 欲向 C 主張項鍊的返還，是否有理？

2. D 基於使用借貸關係，而交付項鍊給 E，在借貸契約終止後，E 卻向 D 表示要時效取得該項鍊之所有權。D 直到十年後始提起訴訟請求返還項鍊，有無可能？

說　明

　　時效取得是一個不易被理解的法律制度。此外，時效取得的後續效果，例如有無可以根據不當得利請求返還的可能性，也為一般學說所忽略，本例題即以此為題材，進行演練。

擬　答

1. A 可以向 C 主張項鍊返還的可能請求權基礎，考慮如下：

⑴民法第 767 條第 1 項前段

　　A 可能可以根據民法第 767 條第 1 項前段，向 C 請求珍珠項鍊的返還。而該請求權的存在，必須以 A 仍是項鍊的所有權人為前提。而強制執行債權人 B 可以根據勝訴判決，請求強制執行債務人 A 根據民法第 761 條第 1 項，讓與移轉強制執行標的物（珠寶）所有權：「讓與合意」的部分，根據強制執行法第 130 條第 1 項，於勝訴判決確定時，視為強制執行債務人已為「讓與合意」的意思表示。但如果再審成立，而致使強制執行債權人 B 失去強制執行名義，則強制執行法第 130 條第 1 項「擬制讓與合意」

的意思表示也就不存在，因此強制執行債權人 B 也就再無法主張取得項鍊的所有權，因此 A 即回復對項鍊的所有權，B 的處分項鍊行為即構成無權處分。但如果 C 可以根據民法第 801、948 條主張善意取得，則 A 就喪失其對項鍊的所有權。只是如果 A 失去項鍊的占有是「非基於其意思而喪失占有」，則根據民法第 949 條不排除 A 仍可以對 C 主張項鍊的返還。

　①本題 B 取得項鍊的占有，是以強制執行程序為之，是強制執行人員直接以強制力，由 A 手中將項鍊取走，則似乎 A 喪失項鍊的占有，即是「非基於原占有人意思而喪失」。只是通說❹以為，強制執行機關基於強制執行手段而由債務人處取走標的物，並不構成民法第 949 條的「非基於原占有人之意思而喪失其占有者」，因為「占有人的占有移轉意思，已經經由強制執行機關基於公法上的權限所取代」，故而非屬盜贓、遺失物性質，因此也就無民法第 949 條「盜贓、遺失物排除善意取得」相關規定的適用餘地；至於強制執行是因程序瑕疵抑或因再審而被撤銷？都非所問，以維護強制執行的公權力行為性質，所以本題 A 被取走項鍊占有，仍應認為不是屬於「非基於其意思而喪失占有」才是。只是因為本題 C 明知強制執行程序的瑕疵，故並非是基於善意而受讓項鍊所有權，故至此似乎不排除 A 可以向 C 主張項鍊所有權的返還。

　②但是因為 C 已經以所有的意思占有項鍊長達十一年，根據民法第 768 條規定：「以所有之意思，十年間和平、公然、繼續占有他人之動產者，取得其所有權」，因此不排除即使是惡意明知無權占有之 C，亦可以因時效的經過，而主張時效取得項鍊的所有權。問題是，惡意的 C 明知其占有前手 B 是以瑕疵的強制執行程序取得項鍊的占有，因此 C 是否必須繼受前手 B 的占有瑕疵，故屬於非以「和平」手段取得項鍊的占有❺，故而亦不能主張時效取得？本題 B 雖是經由被撤銷的強制執行名義而取得項鍊的占有，但即使是有瑕疵的強制執行行為仍是一公權力行為，在強調公權力行為性質下，本題擬答以為仍應認為 B 是以「和平」手段取得項鍊的占

❹　參閱例題 11【狐假虎威的債權人】。

❺　參閱例題 4【誤拿手機】。

有，因此也難謂明知強制執行瑕疵的 C 繼受前手 B 的非「和平」占有，故終究不排除 C 仍可以主張時效取得。

結論：A 不可以對 C 主張民法第 767 條第 1 項前段的項鍊返還。

⑵不當得利

可以考慮的是，是否 A 可以向 C 主張民法第 179 條的「項鍊所有權取得利益」的「侵害型不當得利」返還？依無爭議的見解❹⑥，民法的時效取得規定構成時效取得人的法律上原因，而可以排除原物所有權人「侵害型不當得利」的請求，否則又要令時效取得人返還所有權，豈非矛盾！只是本題擬答以為❹⑦，如果時效取得人是經無償的無權處分行為而取得，則其時效取得所有權就無保護的必要，時效取得規定並不能構成無償時效取得人的法律上原因，民法第 183 條即存在有可以相互比擬的價值判斷，因此終究必須對原物所有權人負起不當得利返還責任。依此，則本題 C 即使是因時效取得項鍊的所有權，但因是無償受贈，所以仍必須對原物所有權人 A 負起「侵害型不當得利」的返還。

結論：A 可以對 C 主張民法第 179 條的項鍊所有權不當得利返還。

2. D 可能可以向 E 請求返還項鍊的請求權基礎，考量如下：

⑴民法第 767 條第 1 項前段

雖然 D 曾是項鍊所有權人，但是因為 D 是基於自己的意思而將項鍊交付於 E，故使得 E 有可能主張和平占有項鍊動產而時效取得。而且根據新修訂的民法第 945 條第 1 項前段規定：「占有依其所由發生之事實之性質，無所有之意思者，其占有人對於使其占有之人表示所有之意思時起，為以所有之意思而占有」，E 也確實向 D 表示要由他主占有改為自主占有時效取得的意思，因此在滿足所有時效取得構成要件下，本題 E 可以時效取得項鍊所有權，因此 D 無得再以項鍊所有權人地位，對 E 主張民法第 767 條

---

❹⑥ 最高法院 47 年臺上字第 303 號判例；王澤鑑，《不當得利》，第 219 頁。

❹⑦ 參閱 Baur, Sachenrecht §53 h III 2。反對見解，Palandt/Bassenge, vor §937 Rdn. 2。

第 1 項的項鍊占有返還。

(2)民法第 179 條

　　問題是，D、E 間存在的是借貸關係，而借貸契約因終止而消滅，故 D 可以向 A 主張貸與物返還請求權，消滅時效是十五年（參照民法第 125 條），因此是否 D 可以根據「給付型不當得利」向 E 請求返還項鍊所有權，是學說上極為有爭議的問題。有認為「時效取得」不但是可以構成「非給付型不當得利」的利益取得法律上原因，也可以構成「給付型不當得利」的利益取得法律上原因❹❽。另一說則以為，「給付型不當得利」的法律上原因探討，不同於「非給付型不當得利」，唯有給付目的的達成，才能構成給付利益取得的法律上原因，因此單是時效取得的法律規定，並不能構成給付利益保有的法律上原因，況且如果同意給付利益可以經由十年的時效取得，而無須再根據「給付型不當得利」返還，則十五年的請求權消滅時效規定，豈不被掏空？基於能夠有效區隔不當得利類型的考量，本題擬答傾向採後者見解，在十年時效取得後，即使 E 當初所取得的占有利益已改為項鍊所有權利益，但因 D、E 間的借貸契約已經終止結束，故終究亦不排除 E 並無法律上原因可以保有項鍊所有權利益，而必須返還於 D（參照民法第 181 條本文）。

結論：D 可以向 E 請求返還項鍊所有權。

題後說明

　　民法物權編有關時效取得規定,在民國九十九年間作了大幅度的修正,本文以為其間仍不乏有未至完善之處,舉例說明如下:

　　1.時效取得制度乃是基於法律事實安定性的考量所為的立法制度。因此凡是以所有意思,客觀上長期被認定是物權權利人者,即可以終局保有該物權權利,以利法律事實的安定性及公益性。因此如果客觀上清楚地被外界所認知,某人並無擁有特定物權時,則即使在長時間經過後,該人仍

---

❹❽　鄭冠宇,《民法物權》,第 168 頁。

無法依時效而取得物權，因為此時欠缺法律事實安定性及公益性保護的考量。因此單單只是長時間占有他人未登記房屋之人，如果該人在土地登記簿上從未登記其為房屋「所有權人」，則仍不應同意其可以主張時效取得房屋「所有權」才是，因為「占有」事實從來不是用以認定取得不動產房屋所有權的要素，因此民法規定，長期占有他人「未登記不動產者」可以時效取得，實令作者不解。相反地，「登記」才是客觀上判斷是否是不動產所有權人的要素，因此只要客觀事實上可以認定不動產占有人就是已登記房屋的所有權人，則占有人仍可以主張時效取得房屋所有權，例如買受房屋並移轉登記所有權，但在買受人占有房屋十年後發現房屋所有權移轉行為無效，則房屋登記名義人（買受人）當然可以主張時效取得房屋所有權才是，但現行民法卻規定「已登記不動產不能時效取得所有權」，也令作者不解。

2.正必須是土地「所有權」或是「地上權」登記名義人，才能主張時效取得土地「所有權」或是「地上權」，以符合法律事實安定性及公益性要求，因此在時效完成後，取得人應是即刻取得「所有權」及「地上權」，以符合土地登記內容及外界對於物權狀態的客觀事實認知。但是民法第769及第770條卻是規定時效取得人，可以主張「請求」登記為所有權人（或是地上權人），實令人不解，豈非「物權」時效取得僅取得「請求權」而已？也難怪最高法院五十四年度第一次民刑庭總會會議決議，會認為如果時效取得人在尚未依法申請登記為所有權人前，一旦原權利人登記為所有權人，則可以阻卻時效取得的詭異決議內容。

3.時效取得人必須在主觀上以「取得權利」的意思而占有，並在客觀上有足以令外界清楚認知其擁有「權利」的事實，始能主張時效取得，例如珠寶項鍊的受寄託人，以自己所有意思長期公然戴起寄託人所寄託的珠寶項鍊，而令外界第三人認定受託人就是珠寶項鍊的所有權人，則就有時效取得的適用。但是民法第945條卻規定：「占有依其所由發生之事實之性質，無所有之意思者，其占有人對於使其占有之人表示所有之意思時起，為以所有之意思而占有」，為求避免時效取得不利於原權利人，故立法要求

時效取得人尚必須向使其占有之人，表示所有之意思時起，始能開始時效計算，完全不符合時效取得制度的最初法律考量，而陷法律事實於不確定狀態，並危及社會公益性。而吾人更可以試想：以所有之意思，和平公然占有他人之物（例如拾得遺失物），如此倫理爭議性大的時效取得，都無須通知所有權人有時效取得意思，何以反而是倫理爭議性較小的經由他人交付占有而時效取得，卻必須通知權利人？令作者不解。正確言之，占有心態的改變，單是占有人主觀意思的改變，尚不足為之，而必須有一定的客觀事實足以辨識占有人占有心態的改變，始足當之，但若尚且要求「必須向使其占有之人，表示占有心態改變」，則又顯過當，而且完全不符占有只是一單純「事實」的法律概念，值得立法者再深思。

第三章

不動產權利

例題 16　【不動產物權登記及善意取得】──地政事務所的登記程序

1. A 公司出賣土地給 B，並聲請移轉登記中。就在地政事務所審查資料時，A 被法院宣告破產確定，法院並立即囑託地政事務所完成破產登記。

   問：地政事務所應否繼續進行 A、B 間的所有權移轉登記？

2. C 因繼承其叔父的不動產土地，而被登記為土地所有權人，並將土地設定抵押給 D。其後有 E 向法院提起訴訟，主張自己才是真正的土地繼承人及所有權人，並向法院聲請對該土地假扣押，禁止 C 再為處分獲准，而且立即向地政事務所為假扣押登記完成。但抵押權人 D 卻將其債權及抵押權一併讓與給 F，並經地政機關完成抵押權移轉登記。事後證實，真正的不動產土地繼承人是在中國的 G，而 D 也知道此事。

   問：F 究竟有無取得抵押權？

說　明

　　不動產所有權經由法律行為「得、喪、變更」，根據民法第 758 條非經登記不生效力；而登記過程自有其處理時間性，因此就可能會發生在登記過程中，不動產權利人喪失其權利，例如死亡，則登記機關（地政機關）是否應繼續完成登記？

擬　答

　　1.根據民法第 758 條及第 118 條第 1 項規定，不動產權利的法律行為處分是否生效，須視權利人在權利處分發生效力時，有無處分權限而定，即不動產權利處分人必須在登記時仍擁有處分權限，登記機關始能為登記。而本題 A、B 聲請土地移轉登記，就在登記機關尚未完成登記前，A 被法

院宣告破產（破產法第 57 條以下），A 因破產之宣告，根據破產法第 75 條規定，對其所有的土地所有權，即喪失管理及處分權限，而且根據破產法第 66 條，法院會立即通知並囑託登記機關為破產登記，土地法第 75-1 條更規定：「前條之登記尚未完畢前，登記機關接獲法院查封、假扣押、假處分或破產登記之囑託時，應即改辦查封、假扣押、假處分或破產登記，並通知登記聲請人」，故有以為此時登記機關就應以破產人 A 欠缺對土地有處分權限為由，為駁回聲請登記才是❶。

　　只是本題擬答以為，一旦當事人已經向登記機關聲請物權變動登記，即使聲請人因破產而喪失其處分權限，則仍不妨礙登記機關應繼續完成不動產物權變動登記，因為既然雙方當事人已經完成物權變動應有的行為（讓與合意、書面等），而雙方當事人卻對登記機關的登記行為部分，並無任何影響力，則應認為當事人不應因無法掌握的登記時間，而阻礙兩人間的物權變動效力❷，土地法第 75-1 條的立法重大影響聲請人權益，不無有違憲之虞，值得立法者再深思。

結論：基於現行土地法第 75-1 條規定，地政機關應停止 A、B 間的土地所有權移轉登記。

　　2. F 可以取得抵押權的根據可能是民法第 295 條及第 870 條，即 F 可能可以隨債權的受讓，而一併取得抵押權。本題 F 由 D 處有效受讓債權，自無疑義，但 F 能否一併取得抵押權，則須視前手 D 是否確實取得抵押權？討論如下：

⑴抵押權自始即不存在

　　本題因為 C 不是土地所有權人，所以 C 將土地設定抵押權給 D，是為無權處分，根據民法第 118 條第 1 項規定，在尚未得到土地真正所有權人 G 的承認下，該抵押權設定處分行為效力未定，而因為 D 也明知此事，所以也無得主張民法第 758 條第 1 項的善意取得抵押權。因此，D 未能有效

---

❶　王澤鑑，《民法物權》，第 93 頁。
❷　德國民法第 878 條立法例。

取得抵押權。

(2) F善意取得抵押權

　　因為D並未取得抵押權，所以原則上F也無法根據民法第295條，隨同受讓債權而一併取得抵押權。但可以考慮的是，是否F可以根據民法第758條第1項主張善意取得抵押權？要件討論如下：

　　① 必須是無權處分行為

　　民法第758條第1項所保護者是善意受讓無權處分標的物時，所引發的交易安全信賴保護，因此所保護的行為僅限於「法律行為」（處分行為），而不包括「法定取得」。而抵押權根據民法第295條隨同債權一併移轉，正是一法定移轉取得，而不是經由法律行為取得，故是否受善意取得保護，不無疑問。絕大部分的學說見解❸採否定說，認為既然抵押權的受讓是法定取得，即無善意保護的適用。只是本題擬答採肯定說，因為抵押權的法定移轉是從屬於債權讓與而來，換言之，抵押權讓與仍是受讓人著眼於債權讓與的基礎而取得，就善意取得制度目的性是在保護交易安全的觀點而言，抵押權的讓與亦應受到保護才是，因為新抵押權人受讓債權之法律行為的同時，也同時善意相信了抵押權的存在，是故自有肯定抵押權善意受讓的交易安全保護必要性，否則日後將無人敢受讓有抵押權擔保的債權，而大幅度不利於此等債權的經濟交易活動。

　　② F須有善意存在

　　民法第758條第1項的善意取得制度，自以受讓人的善意相信土地登記簿內容為必要，基於對於土地登記簿公信力的維護，除非受讓人明知土地登記簿不實始不受善意保護，僅是因過失而不知並不影響其善意❹。問題是，本題F所受讓的抵押權，在土地登記簿上已經存有E的假扣押登記，是否抵押權受讓人F仍可以主張善意取得抵押權？因為本題E的假扣押登記是在D取得抵押權登記之後，故實無理由令F懷疑，當初D是惡意取得抵押權設定，換言之，F應該可以善意相信，即使C真的不是土地所

---

❸　謝在全，《民法物權論（中）》，第366頁。

❹　鄭冠宇，《民法物權》，第70頁。

有權人，但是 D 仍可以根據民法第 758 條第 1 項善意取得抵押權，而不能因為之後的假扣押登記，就促使外界第三人 F 必須懷疑，之前的物權行為是有所瑕疵。

再者，按當事人經聲請對不動產假扣押獲准，即會發生不動產所有權人不能再為移轉、設定負擔或其他有礙執行效果的行為（強制執行法第 113 條準用第 51 條第 2 項）。而抵押權隨債權移轉，雖然不是一個發生土地所有權移轉及設定負擔的處分行為，但是否是一「有礙執行效果的行為」？則不無疑問。本題擬答傾向肯定之，因為如果認為土地不動產的假扣押效力不包括禁止「抵押權的移轉」，則本題就不排除受讓抵押權的 F 可以主張善意取得抵押權，而會致使假扣押聲請人 E 主張自己擁有完整的土地所有權權益受損，而不符合假扣押目的。但不論如何，本題因為聲請假扣押的當事人 E，經查並非是真正的土地所有權人，而依通說❺見解，無權聲請假扣押之人所聲請的假扣押，並不會發生假扣押的效力；換言之，本題因為假扣押聲請人 E，並非是土地的真正所有權人，所以其為保全自己事實上並不存在的法律關係，聲請並獲准的假扣押登記，也就不會發生阻礙第三人 F 善意取得抵押權的效力。

結 論：F 可以取得抵押權。

題後說明

1. 民法第 95 條第 2 項明文規定：「表意人於發出通知後死亡或喪失行為能力或其行為能力受限制者，其意思表示，不因之失其效力」，明示當事人於死亡前向地政機關所聲請的不動產權利變動登記，不因死亡或喪失行為能力而受影響。換言之，只要登記聲請人於聲請時仍有處分權限，地政機關即應繼續完成登記程序，且不影響登記效力（參閱土地登記規則第 61 條第 2 項）。但如果地政機關在登記時，聲請人因死亡以外的原因而喪失不動產權利，例如土地被徵收，則地政機關就應駁回登記聲請，因不動產權

---

❺　Koch/Löhnig, Fälle zum Sachenrecht Fall 15 Rdn. 6。

利人所聲請的權利變動登記，必須於權利發生變動時（即登記時），仍是權利人為必要，否則就構成無權處分（民法第118條第1項）。

2.雖然土地登記簿已經有破產登記或是假扣押登記，但該等登記卻無「封鎖」土地權利再為變動登記的效力。換言之，地政機關仍然必須接受權利人在破產或是假扣押登記後，向登記機關所為的權利變動登記聲請，例如地政機關仍必須接受土地所有權人的抵押權設定登記。理由在於，如果一旦破產宣告或是假扣押被撤銷，才不會影響當事人取得抵押權次序的利益，只是如果終極確定破產或是假扣押效力，則登記人就不能主張善意取得抵押權。現行土地法第75-1條卻是使破產及假扣押登記具有「封鎖」土地權利再為變動登記的效力，不無疑問。

3.不動產登記機關對於登記聲請，究竟應採「形式審查」抑或「實質審查」？不是一個可以簡單概括回答的問題。作者以為，因為土地登記規則僅是一程序性的物權法規範，而非實體性的物權法規範，故地政機關原則上僅能為形式審查，至多僅能就當事人所提供的文件（或是明顯錯誤的事項）為「實質審查」，而不能再就職權對當事人所提供文件以外的事項為「實質審查」❻。例如當事人因繼承而向地政機關聲請繼承登記，地政機關就不能實質審查是否被繼承人真的取得不動產所有權？更不能以被繼承人僅是「登記名義人」為由，而拒絕當事人的繼承登記聲請。

4.實務上常會有所謂的「借名登記」❼，例如姊姊購買房子不想讓配偶知道，故以其妹妹為房屋買受人及登記名義人，而實則是自己出租房屋收益，換言之，妹妹純是將「姓名」借予姊姊登記使用，而並無要取得房屋所有權的意思。本文以為，本例「借名登記」的物權效力，即使登記名義人妹妹並無要接受所有權移轉之意思，但仍應類推適用民法第86條本文的單獨虛偽意思表示規定，宜肯定妹妹由出賣人處取得房屋所有權，而出賣人已有效履行其給付義務，以維護交易安全。至於姊姊之間「借名登記」的債權契約效力，學說頗有爭議，作者以為原則上即使認為「姓名」是具

❻ 不同意見，司法院解釋第598號。

❼ 吳從周，〈借名登記與無權處分〉，《台灣法學雜誌》，第137期，第162頁。

有一身分專屬性的人格法益，而不能讓與他人（不可讓與性），但卻不排除可以「授權他人使用」（借用性），例如可以同意他人使用自己姓名用於公益事項（例如丁肇中獎學金），或是同意他人使用自己姓名於有償商業行為，例如開設補習班（例如何嘉仁美語補習班），因此除非姓名的借用另有違法或是違反公序良俗之情事（例如逃稅），否則尚無法直接認定即為無效。以上述的姊妹「借名登記」契約而言，不排除姊姊可能是要規避對配偶的剩餘財產分配請求權，而藉由借名契約隱匿自己財產；此外該「借名契約」目的是在混淆外界對於房屋所有權人的辨識，違反「姓名權」是用以辨識身分的權利本質，故應屬無效。

5.另外或許因為我國國民守法觀念薄弱，因此「違章建築」四處林立，蔚為奇觀。疑似是基於事實上無力取締的考量，實務及學說認為違建人可以原始取得違章建築所有權，並另創違章建築的「事實上處分權」，而賦予違章建築具有「合法」的交易性，並也肯定身為公權力機關的法院可以法拍違章建築，凡此種種變相承認違章建築「就地合法」的妥協態度，頗值商榷。在依法行政貫徹法治的前提下，作者以為，違章建築並無獨立的所有權，更無所謂「事實上處分權」，違章建築法律性質只是不動產的重要成分，並且是屬於「不法利益」，不存在有民法上可以承認的保護利益可言❽，公權力機關對於違章建築的唯一態度就是依職權積極加以拆除才是。

---

❽ 劉昭辰，《債法總論實例研習──法定之債》，例題 36。

例題 17　【吾家有女初長成】——利益第三人物權契約

　　A 有鑑於女兒已經成年，並已論及婚嫁，故想向 B 購買房子給女兒 C 當嫁妝。A 想要節省代書及過戶登記費用，遂要 B 直接將房屋所有權移轉登記給 C，但卻又不想太早讓女兒知道此事，以免節外生枝。A、B 應如何登記？而法律上又有無可能，直到 C 日後結婚始取得房子所有權？

說　明

　　「不能強迫他人取得權利」，是自羅馬法以來民法上所承認的一般價值判斷。而該原則例外出現在「利益第三人債權契約」（參閱民法第 269 條第 1 項），但是否也可以出現「利益第三人物權契約」？則不無爭議。

擬　答

　　基於「不能強迫他人取得權利」的羅馬法原則，通說[9]認為只有存在利益第三人債權契約，但無利益第三人物權契約存在的可能。只是仍有學說[10]以為，基於事實上的需要，不排除在顧及第三人意願之下，仍有利益第三人物權契約的可能，例如民法第 276 條即不排除債權人可以以利益其他連帶債務人的意思，向連帶債務人中之一人為「消滅全部債務」之意思而免除債務。依此，以本題為例，學說就建議有如下成立利益第三人物權契約的可能方式：

1.民法第 103 條、第 111 條的無權代理制度[11]

　　A 可以女兒 C 的無權代理人地位，無權代理 C 接受 B 的房屋所有權移轉合意，並以無權代理人地位接受 B 的房屋所有權移轉登記。直到 C 日後得知此事，並根據民法第 115 條及第 117 條承認 A 的無權代理之後，C 始

---

[9]　BGH JZ 1965, 361.

[10]　MünchKomm/Wacke, §873 Fn. 57.

[11]　Jauernig, §873 Rdn. 12。

能溯及取得房屋所有權。

2.民法第 161 條「意思實現」❷

另一說以為，房屋出賣人 B 同意將房屋所有權直接移轉登記給 C，可以視為是對 C 的房屋所有權移轉讓與契約的「要約」，而根據民法第 161 條的「意思實現」，C 可以無須向要約人 B 為承諾，而僅須有一定的行為，所有權移轉契約即可視為成立，例如當 C 被通知該房屋移轉登記行為時，就可以視為 C 默示承諾，而即時取得房屋所有權。

3.解題意見

「不能強迫他人取得權利」的羅馬法原則，是一自知之理，否則豈非任何人隨時無緣無故從別人處，獲得一筆自己所不要的「垃圾」請求權或是所有權！因此民法第 304 條規範贈與的性質是「契約」，而非「單獨行為」，即是在清楚展現「不能強迫他人取得權利」的羅馬法原則。只是「不能強迫他人取得權利」，立法者已經在民法第 269 條第 1 項的利益第三人債權契約，展現其例外規範，但立法者卻仍在民法第 269 條第 3 項規範有：「第三人對於當事人之一方表示不欲享受其契約之利益者，視為自始未取得其權利」，保留第三人接受契約利益與否的權利，以保護第三人之利益。依此，本文以為，只要第三人仍保有適當表達是否接受標的物給與的可能性，就不應排除利益第三人物權契約制度的存在，特別是在現實的經濟社會，確實是存在有利益第三人物權契約的需求性。因此本題地政機關應接受 A、B 兩人以 C 為利益第三人的「利益第三人所有權移轉」聲請登記，直接登記 C 為土地所有權人，而不能以聲請人欠缺 C 的代理權授與證明為由（參照土地登記規則第 36 條以下），駁回聲請。而 C 則是在房屋所有權移轉登記完成，並受到通知，且進一步表達其意願時，始取得房屋所有權。

題後說明

1.是否有可能存在利益第三人物權契約？德國最高法院曾出現如下的案例：出賣人出賣一筆土地給買受人，而出賣人希望買受人可以將價金直

---

❷ MünchKomm/Gottwald, §328 Rdn. 108。

接支付給其小孩。為擔保買受人確實會將價金支付給出賣人的小孩，所以雙方約定就土地設定抵押權給小孩。本案例的抵押權設定契約，不是直接在買受人和出賣人小孩間所訂立，而是買受人和出賣人以「利益第三人物權契約」方式設定，故也會發生與本題同樣的爭議：是否土地出賣人的小孩可以取得抵押權？何時可以取得抵押權？

2.不動產權利因物權行為而得、喪、變更，根據民法第758條第1項，以登記為必要要件。而藉由登記的公式性，也可以使得外界第三人清楚理解不動產的物權權利狀態，而有利交易安全。因此，基於對不動產登記的公信力要求，自然不動產所有權的變動要求必須清楚，不能模糊，故應當認為不動產所有權變動的「意思表示合意」，不能附條件及期限，一個附條件或是期限的不動產變動「意思表示」，自應解為無效，如因而登記者，當事人也僅取得「登記名義」而已。總之，不動產變動合意不可以附條件，否則即會損及土地登記簿的公信力❸。

3.民國九十九年修訂民法第852條，規定：「不動產役權因時效而取得者，以繼續並表見者為限。前項情形，需役不動產為共有者，共有人中一人之行為，或對於共有人中一人之行為，為他共有人之利益，亦生效力」，強迫其他共有人必須「時效取得」共有物所有權，明顯違反「不能強迫他人取得權利」之原則，未能尊重他人意志自主決定人格權，而有違憲之虞，值得再斟酌。

---

❸　相同意見，鄭冠宇，《民法物權》，第42頁。

例題 18 【工廠土地的讓與】——土地從物的所有權取得

A 想在自有土地蓋工廠，生產自行車，遂以「附條件買賣」（所有權保留）方式，分別向建商 B 訂購一批建築鋼筋，並向機械商 C 訂購一批自行車生產機械，而 B、C 都準時將物品運達 A 的工地。

後來 A 因有意將工廠搬遷到中國，遂將土地賣給同為自行車製造商而有意接手的 D，並完成土地所有權移轉登記。但因 A 遲遲未能清償價金於 B、C，故 B、C 欲取回建築鋼筋及生產機械，是否有理？

說　明

承例題 13【現代化圖書館】，本題繼續就強制執行法及破產法上的重要問題：物的重要成分或是主物、從物關係判斷，繼續加以練習。

擬　答

B、C 欲取回建築鋼筋及生產機械的請求權基礎，可能是民法第 767 條第 1 項前段，而該請求權基礎存在的前提，必須 B、C 仍是該建築鋼筋及生產機械的所有權人。因為 B、C 是以「所有權保留買賣」方式，出賣建築鋼筋及生產機械給 A，而 A 因未能清償買賣價金給 B、C，所以 A 也就仍未能取得建築鋼筋及生產機械的所有權，至此該建築鋼筋及生產機械所有權似乎仍應屬於 B、C 所有。問題是，D 可否主張根據民法第 68 條第 2 項，建築鋼筋及生產機械的所有權，隨同土地的買賣及讓與而一併移轉讓與？前提是，是否建築鋼筋及生產機械，根據民法第 68 條第 1 項屬於土地的從物？

1.民法第 68 條第 2 項的要件檢查

(1)常助主物效用

①建築鋼筋

一批置於建築土地的建材，例如本題的建築鋼筋，是否構成土地的從物，是德國實務界長久以來素有爭議的問題。德國法院❶之前認為，只要

建材尚未因房屋的建造完成而成為不動產房屋的重要成分，則即使是置於建地上，也非是土地的從物，而是具有自己獨立經濟價值之物（動產）。但近來德國實務❶及學說❶則傾向認為，即使建築鋼筋尚未被用於房屋的建造，但一旦置於建地上，則就會和建地形成經濟上的一體性，而增加建地價值，故構成建地的從物。對此見解，本題擬答亦持肯定態度，因為顯而易見地，任何人欲購買一筆建地，其目的即是要建築房屋，以謀求不動產土地的經濟利益，而建地買受人將建地上的建築材料，和建地視為經濟一體而一併買受、一併受讓，基於一般合理的社會經濟觀點，自是當然合理。基於如此的考量，本題置於建地上的鋼筋，本於其具有常助土地的經濟效用觀點，故而初步可以認為是土地的從物。

②生產機械

至於本題置於土地上的生產機械，是否構成土地的從物？又因為物權法採「土地、房屋分離原則」，更顯複雜。要處理的爭議有：

a.生產機械構成不動產廠房的從物

生產機械是否可以構成不動產廠房的從物，是一個非常有爭議的問題。有採否定見解❶，認為不置機器的廠房及土地，不會因此即失去其經濟效用；而肯定說❶則以為，肯定機器為工廠之從物，可發揮集合物之機能。本題擬答採後說見解，因為既然不動產廠房的使用目的，就是著眼於生產，故而生產機械構成廠房的從物，自是符合廠房的經濟效能，故宜使兩者具有相同法律命運，以充分發揮兩者的經濟機能。

b.廠房構成土地的從物

身為獨立不動產的廠房，可否成為土地的從物？有認為❶民法第 68 條

---

❶　RGZ 89, 65.

❶　BGHZ 58, 309.

❶　Gottwald, PdW Sachenrecht Fall 50.

❶　姚瑞光，《民法物權論》，第 216 頁。

❶　王澤鑑，《民法學說與判例研究㈢》，第 333 頁。

❶　施啟揚，《民法總則》，第 181 頁。

並未規定從物必須以「動產」為必要，因此不排除「不動產」也可以為從物。但本題擬答以為，因為不動產往往具有獨立的經濟價值，而應成為獨立法律行為的標的，因此不宜成為他物的「從物」，和他物一併相同法律命運，以符合不動產的經濟效益，例如「車庫」就不應是「房屋」的從物[20]，而應是具有自己高度經濟價值的獨立物，可以獨立成為交易客體。但必須強調的是，如果主物是土地時，則房屋建築物是否構成土地的從物就應有不同的考量，而宜認為「不動產建築物」應該是「土地」的從物，而應和土地有相同的法律命運，否則若認為「土地、房屋分離讓與」是為常態，實不合生活經驗，更會衍生複雜棘手的法律問題。是故本題擬答以為，不動產廠房是土地的從物，而因為生產機械構成廠房之從物，所以也構成是土地的從物（所謂「從物的從物」），三者應有同一經濟效益，故也應具有相同的法律命運。

(2)主物、從物同屬一人

民法第 68 條第 1 項對從物的定義，標的物必須和主物同屬一人，始為「從物」。以本題而論，A 尚未對建築鋼筋及生產機械，全部清償價金完畢，所以 A 仍未取得所有權，因此該批建築鋼筋及生產機械，終究不能成為土地的從物，因此就無民法第 68 條第 2 項的適用。至此確定，D 無法主張該批建築鋼筋及生產機械，已經隨土地所有權的買賣讓與而一併讓與。

2.民法第 801、948 條的善意取得

雖然 D 無得根據民法第 68 條第 2 項，主張 A 在讓與土地時「推定」一併讓與建築鋼筋及生產機械，但卻不排除 D 可以舉證證明，兩人之間確實有讓與建築鋼筋及生產機械的意思。以本題的建築鋼筋及生產機械，確實在經濟層面上，具有「常助主物效用」的功能，因此可以認定，工廠建地的受讓人應當也有意一併買受及受讓建築鋼筋及生產機械，但因 A 尚未取得該批建築鋼筋及生產機械的所有權，故構成民法第 118 條第 1 項的無權處分。只是 D 可以主張 A 因交付土地及置於土地上的建築鋼筋及生產機械占有於 D，因此 D 可以根據民法第 761 條第 1 項及第 801、948 條善意

---

[20]　不同意見，王澤鑑，《民法總則》，第 243 頁。

取得所有權。

結 論 ： D 可以取得建築鋼筋及生產機械的所有權。

 題後說明

　　民法第 68 條第 2 項所規範的「主物、從物一併移轉」，並非是法定移轉，只是推定讓與人在讓與主物時，亦同時對從物有「讓與合意」之意思。因此從物所有權的取得，仍必須符合「讓與合意」及「交付」要件。且民法第 68 條第 2 項僅是一推定法則而已，故不排除第三人可以舉證證明，讓與人和受讓人之間並無意將從物隨同主物一併移轉的意思。

例題 19 【抵押權次序的錯誤登記】──土地登記規則第 61 條

　　A 急需向 B 銀行借貸，故設定抵押權給 B，並聲請登記中。次日 A 又向 C 銀行借貸，並允諾設定第二次序抵押權給 C，亦聲請登記中。誰知地政事務人員卻因過失，誤將第一次序抵押權登記給 C，而將第二次序抵押權登記給 B。C 銀行在取得第一次序抵押權登記後，向 A 放款。

1.抵押權次序如何決定？

2. B 如何主張救濟？

說　明

　　不當得利區分成「給付型」及「非給付型」兩種，而「非給付型不當得利」又以「侵害型不當得利」最為重要，是指因侵害他人專屬權益而獲得利益的情形。而何謂侵害他人「專屬權益」？是侵害型不當得利最為困難的問題，例如本題抵押權登記聲請人，可否主張抵押權的「聲請次序」，是否也是其「專屬權益」，即不無疑問。

擬　答

　　1.抵押權次序的決定原本應屬於實體法規範問題，但是物權法對此卻無明確規定；相反地，抵押權次序的決定卻出現在程序規範中──土地登記規則第 9 條規定：「同一土地為他項權利登記時，其權利次序，除法律另有規定外，應依登記之先後」，依此，抵押權的取得次序，應依登記的先後為準。而固然土地登記規則第 61 條又規定：「登記，應依各類案件分別訂定處理期限，並依收件號數之次序或處理期限為之。其為分組辦理者亦同。除法令另有規定外，同一宗土地之權利登記，其收件號數在後之土地，不得提前登記」，但是土地登記規則第 61 條卻僅是一訓示登記機關的登記程序注意規範，而不涉及實體效力，因此即使登記機關違反土地登記規則第 61 條，而未依聲請收件次序處理，仍不會影響抵押權依登記次序取得的法律效果。換言之，本題 C 確實是取得抵押權的第一次序，而 B 僅取得第二

次序抵押權，土地登記簿所載的抵押權次序內容，並無不正確可言。

　　2. B 可能可以根據民法第 179 條的「侵害型不當得利」，向 C 主張不當抵押權次序利益的取得，而請求次序的更正返還。而該請求權存在的前提，必須是 C 取得第一次序抵押權，侵害了 B 的專屬權益。惟 B 僅是早聲請，即可主張取得優先的抵押權次序「專屬權益」? 學說頗有爭議:

⑴少數說❷

　　此說認為，先遞件聲請人根據土地登記規則的作業程序規定，即應取得先次序抵押權的物權期待權，而該物權期待權作為一個對世的絕對權，也是一種「專屬權益」，自也應受侵害型不當得利之保護，因此本題不排除 B 可以對 C 主張「(第三人)侵害型不當得利」，請求 C 必須同意塗銷第一次序抵押權登記，以為不當得利返還。

⑵通說❷

　　只是多數學說認為，先遞件聲請人只是取得「期待利益」而已，而未取得「物權的期待權」。對此，本題擬答亦認同之，而認為不宜賦予先遞件聲請人有物權效力，而受物權效力保護，否則就無法區分「遞件聲請」和「登記完成」兩者的效力區別，而使土地登記簿的公信力可能受到挑戰，因為如果認為聲請人因先遞件即取得物權期待權，而受絕對保護，則可能會造成外界第三人對土地登記簿的善意信賴保護受到限制，而產生不動產權利取得善意保護的不確定性，例如如果外界第三人明知「遞件」次序和土地登記次序不符，究竟還能否主張善意取得? 據此，本題擬答以為，B 不因僅是先於 C 遞件聲請，就可以主張受有「專屬權益」保護，因此尚難謂 C 的取得第一次序抵押權對 B 構成「侵害型不當得利」。因此 B 所能主張者，僅是國家賠償而已。

結論：B 不能對 C 主張抵押權第一次序的塗銷返還，而只能對登記機關主張國家賠償。

---

❷　Larenz/Canaris, SchR II/2, S. 179.

❷　BGHZ 21, 98; MünchKomm/Lieb, §812 Rdn. 278.

題後說明

1.少數說認為，國家公權力的錯誤，不能成為當事人終極保有權利的法律上原因。但是當事人因國家公權力的錯誤，卻仍可以終極保有權利取得的例子，並不在少數，例如強制執行而錯誤拍賣第三人之物，第三人亦可以終極保有拍賣標的物所有權。

2.本題因地政人員錯誤登記，而使得 C 取得第一次序的抵押權，換言之，地政機關錯誤登記的行為仍具合法性，但該合法性只是在正當化 C 取得第一次序抵押權，卻不能阻卻地政機關人員侵害 B 權利的行為不法性，故最終地政機關仍必須對 B 負起國家賠償責任。

3.只是本題因為 A 只允諾設定第二次序抵押權給 C，但 C 卻取得第一次序抵押權，故不排除 A 可以對 C 主張「給付型不當得利」請求 C 必須返還所取得的第一次序抵押權利益。

例題 20　【別墅出售】——區分所有權的抵押權效力

　　A 計畫在自己所有的土地上蓋一棟五樓透天別墅，遂委由建設公司 B 建築，但在完工後，A 卻陷入資金周轉危機，而無法如期支付報酬給 B，因此 B 向法院請求對別墅登記法定抵押權（參照民法第 513 條第 1 項），並完成登記。之後 A 為求謀得資金，只得將別墅區分成為五個「專有部分」（參照民法第 799-2 條），並將別墅一樓區分所有權連同基地應有部分出售於 C，並完成移轉登記。

1. B 的抵押權如何變化？
2. 如果 B 實行抵押權，買受人 C 如何自處？如果買受人購買一樓別墅，是在建設公司登記抵押權之前，買受人又應如何因應？

　說　明

　　本題涉及許多不動產實務問題，計有法定抵押權的範圍及買受區分所有權的應注意事項。透過解題過程，可以清楚凸顯現行物權法規範的不完善處，而有待進一步整體的修法解決。

　擬　答

1. B 的抵押權範圍及變化

⑴法律意見爭議

　　承攬人 B 根據民法第 513 條第 1 項，可以就承攬報酬額債權，對於其工作所附之定作人 A 的不動產，請求為法定抵押權的登記。問題是，基於我國物權法對於「土地及房子所有權分離」規定，承攬人 B 所可以請求登記的法定抵押權範圍為何？學說[23]以為，民法第 513 條第 1 項的法定抵押權，自應及於定作人的建築物及土地，如果僅及於房屋建築物，而不及於土地，對於日後抵押權的實行，自有困難。而最高法院八十七年度第二次民事庭會議決議則認為，基於我國物權法採土地及房屋所有權分離原則，

[23]　邱聰智，《新訂債法各論（中）》，第 98 頁。

故民法第 513 條第 1 項的法定抵押權，僅及於承攬建築物而已，而不及於土地，即：「承攬人承攬之工作既為房屋建築，其就承攬關係所生之債權，僅對『房屋』部分始有法定抵押權。至房屋之基地，因非屬承攬之工作物，自不包括在內」；至於之後的抵押權實行，則應根據民法第 876 條第 1 項為之：「設定抵押權時，土地及其土地上之建築物，同屬於一人所有，而僅以土地或僅以建築物為抵押者，於抵押物拍賣時，視為已有地上權之設定，其地租、期間及範圍由當事人協議定之。不能協議者，得聲請法院以判決定之」。

⑵解題意見

①對於上述爭議，最高法院決議意見認為民法第 513 條第 1 項的承攬人法定抵押權僅及於承攬建築物，而承攬人對於建築物實行抵押權時，根據民法第 876 條第 1 項，由建築物拍定人取得對土地法定地上權。但是如此的意見並非是通盤解決「房、地分離」的適當方案，例如在本題，當房、地所有權人 A 事後欲根據民法第 799-2 條，將房屋區分為專有部分時，就會發生疑義，因為根據民法第 799 條第 5 項規定：「專有部分與其所屬之共有部分及其基地之權利，不得分離而為移轉或設定負擔」，因此如果承攬人 B 的法定抵押權僅及於承攬建築物（房屋），卻不及於土地，則經區分所有權後的房屋抵押權應如何變化？如果再不及於土地，明顯就會違反民法第 799 條第 5 項，產生極大的困擾。基於如此的考量，因此本題擬答採學說意見，而認為民法第 513 條第 1 項的承攬人法定抵押權，應同時及於土地及承攬建築物才是。

②因為承攬人的法定抵押權及於土地及承攬建築物，所以承攬人 B 可以請求 A 就土地及建築物，登記抵押權。而在 A 根據民法第 799-2 條區分房子為專有部分後，並準用民法第 799 條規定，則原先承攬人 B 的抵押權就會就房屋的專有部分、共有部分及土地的應有部分繼續存在，而成立民法第 875 條的「共同抵押」：「為同一債權之擔保，於數不動產上設定抵押權，而未限定各個不動產所負擔之金額者，抵押權人得就各個不動產賣得之價金，受債權全部或一部之清償」。

結論：B 取得別墅區分所有權及土地的「共同抵押權」。

2.買受人的擔保救濟

(1)C 買受別墅一樓的區分所有權及基地應有部分，並經登記成為所有權人。而根據上述，該別墅一樓區分所有權及基地應有部分，尚有承攬人 B 的抵押權存在（抵押權的追及性：民法第 867 條），而且必須對 B 的債權負擔共同抵押權責任。換言之，C 必須以其別墅一樓區分所有權及基地應有部分，對承攬關係的全部報酬債務負責，結果對別墅買受人 C 甚為不利，終究會影響別墅的銷售，致使定作人 A 無法獲得資金，更無法清償於承攬人 B，結果造成三輸的局面，影響經濟層面甚鉅。故在此建議立法者，可以考慮限制別墅買受人 C 的責任，立法同意一旦別墅區分所有權人 C 清償自己的買賣價金於承攬人 B，B 就應同意塗銷抵押權登記，以達三贏局面，並能活絡經濟。

(2)在立法尚未有效保障買受人前，實不建議買受人購買一個有抵押權存在的區分所有權及基地應有部分。只是縱然買受人見土地登記簿上並無「抵押權登記」，仍不易得知是否有不動產「抵押權登記」聲請中？例如買受人 C 貿然向 A 購買後，B 的抵押權登記始完成，C 勢必遭受極大的不利益，因此建議買受人 C 可以根據土地法第 79-1 條第 1 款，就不動產權利移轉請求權聲請「預告登記」，一旦完成預告登記，承攬人 B 的抵押權始完成登記，則根據土地法第 79-1 條第 2 項規定：「登記名義人就其土地所為之處分，對於所登記之請求權有妨礙者無效」，自然承攬人 B 就無得對 C 的別墅一樓區分所有權及基地應有部分主張抵押權，而可以獲得擔保。

結論：買受人 C 可以為預告登記。

 題後說明

1.我國物權法採「土地及房屋所有權分離原則」，造成許多難解的問題，雖物權法（包括債編第 425-1 條及第 426-1 條）不斷在嘗試解決其間

的糾葛，但卻因欠缺一致性的法律理論原則，故而修法顯得凌亂不堪，立法者有必要全面通盤的加以檢討。作者以為，根本之道在於應放棄「土地及房屋所有權分離原則」，而認為房屋是土地的重要成分才是。吾人可以試想：一個和土地權利分離的房屋不動產所有權，實欠缺任何的經濟價值，是否宜再將之視為一個獨立之「物」？不無疑問。換言之，一個脫離土地所有權（或使用權）而獨立存在的房屋所有權，因不具獨立存在的經濟價值，故也不應將之視為一個獨立的物，否則即是不符合不動產房屋的經濟效益使用，而違反「一物一物權原則」，其所形成的法律上混亂，不言可喻。

2.基於「土地所有權（使用權）及房屋所有權不可分離原則」，民法物權編的「區分所有權」及「地上權」都已經分別規範「專有部分與其所屬之共有部分及其基地之權利，不得分離而為移轉或設定負擔」（民法第799條第5項）、「地上權與其建築物或其他工作物，不得分離而為讓與或設定其他權利」（民法第838條第2項），方向正確，值得贊同。

3.因為土地法第79-1條第3項規定：「預告登記，對於因徵收、法院判決或強制執行而為新登記，無排除之效」，是故預告登記制度的擔保效力，遂被大打折扣。因此今日房屋買賣實務上，逐漸發展以「履約擔保制度」彌補預告登記制度的不足。即房屋買受人先將買賣價金移轉交付給擔保銀行（或代書），而擔保銀行（或代書）在出賣人順利履行房屋所有權移轉並交付給買受人後，始將買賣價金交付給出賣人。因此履約擔保制度所出現最重要的法律問題即是：如果擔保銀行（或代書）破產（或捲款攜逃），價金危險應由何人承擔？該法律問題無法被簡單回答，但一般而言，因擔保銀行（或代書）是處於中立第三人角色地位，故不能被視為是買賣任何一方的代理人，故買受人無得主張買賣價金已因交付給擔保銀行（或代書）而發生清償效果，因此一旦擔保銀行（或代書）破產（或捲款攜逃），價金危險原則上即應由買受人承擔。

第四章

共　有

例題 21 【公寓大廈的停車位問題】——區分所有權的管理

　　A 擁有某公寓大廈三房二廳的專有部分，並在專有部分中登記有標示清楚且具空間上長久可區隔辨識的平面停車位。同一大廈的另一區分所有人 B 因近來購入一部新車，卻苦於無車位，只得向 A 租用車位。

1. B 如何由 A 處取得平面停車位專有部分？

2. C 是該公寓大廈的管理委員會主委，以全體區分所有權人名義和廠商 D 訂約，定期維修電梯。而且 C 又發現車道出口斜坡水泥龜裂，必須打掉水泥重新鋪平，因此又以全體區分所有權人名義和 D 訂立土木工程的契約。但因管委會內部爭議，故對於電梯維修及土木工程報酬都未能支付。廠商 D 遂以 A、B 為被告請求連帶負責，有無道理？

3. 建商將某一專有部分出售給二十人，並將地下室的某地面劃分成為數格「停車位」，以供該二十人專用。該二十人向管委會申請二十張地下室的門禁卡，但遭管委會拒絕。誰有道理？

說 明

　　公寓大廈的停車位爭議，一直都是區分所有權的重大法律問題，本題僅能就部分爭議問題為練習。

擬 答

1.停車位所有權的移轉

　　停車位是否可以歸屬於公寓大廈（區分所有權）中所謂的「專有部分」？是一充滿爭議性的問題。如果按民法第 799 條第 2 項對「專有部分」的定義觀之：「前項專有部分，指區分所有建築物在構造上及使用上可獨立，且得單獨為所有權之標的者」，則本題的平面停車位，因為具有明顯的空間上的區隔性，所以可為專有部分，自無疑義（周圍或為牆壁所區隔，或為其他固定的標誌所區隔，例如水泥柱，但僅是在地上標線區隔，則不能構成專有部分，因為該標示極可能因汽車的摩擦而模糊難以辨識，而隨

時處於所有權範圍不明確狀態❶）。只是根據民法第 799 條第 5 項規定：「專有部分與其所屬之共有部分及其基地之權利，不得分離而為移轉或設定負擔」，故專有部分不是一個具有獨立性的權利，而必須和共有部分及基地權利，一併處分、取得。但是不排除數個「專有部分」（例如房屋的專有部分及平面停車位專有部分）可以搭配一個共有部分及基地權利而存在，本題 A 所有的區分所有權，即是一例。

　　正因為平面停車位的專有部分不能單獨讓與，而必須搭配公寓大廈的共有部分及基地權利而一併讓與，因此本題 A 要單獨讓與平面停車位專有部分給 B，即不無疑問。只是在區分所有權人之間，是否有必要遵守如此嚴格的不可分離性？特別是本題平面停車位專有部分的讓與，終究只發生在區分所有權人 A、B 之間，換言之，A 的平面停車位專有部分在讓與給住戶 B 後，仍會和 B 的共有部分及基地權利緊密結合，自就無禁止單獨讓與的道理，因此學說❷以為 A、B 住戶間可以單獨僅移轉讓與平面停車位的專有部分，而在登記後由 B 取得平面停車位的專有部分。至於 A、B 兩人所享有的共用部分及基地部分比例，則不因平面停車位專有部分的讓與而受影響，仍是保持原先所登記的比例。

結論：A、B 住戶間可單獨僅移轉讓與平面停車位專有部分，而不影響兩人所享有的共用部分及基地比例。

2. A、B 對於電梯維修及車道土木工程報酬的連帶責任

　　A、B 兩人連帶責任的成立，必須以主委 C 有代理權限，而可以以 A、B 兩人的名義，和 D 訂立契約為前提（參照民法第 103 條第 1 項）。問題是，是否管理委員會主任委員有法定的代理權，而可以以住戶名義代為訂立修繕契約？可以參考的條文根據可能是公寓大廈管理條例第 36 條第 2款：「管理委員會之職務如下：……二、共有及共用部分之清潔、維護、修繕及一般改良」，及同法第 29 條第 2 項：「主任委員對外代表管理委員會」。

❶　Bärmann/Pick, §3 Rdn. 8。

❷　Gottwald, PdW Sachenrecht Fall 112。

本題的電梯屬於公寓大廈的共有（共用）部分，自無疑義，故其維修屬於管委會職權。惟車道是否也屬於公寓大廈的共有（共用）部分？特別是並非所有的區分所有權人，都擁有平面停車位專有部分，因此不無疑問。但有鑑於平面停車位專有部分所有權範圍，明顯只限於平面停車位本身可供區隔的獨立空間而已，故而可以確定車道應屬於公寓大廈全體區分所有權人「共有及共用」部分，因此車道的修繕自也屬於管委會的職權。

　　只是公寓大廈管理條例第 36 條第 2 款及第 29 條第 2 項原文，只謂主委可以對外代表管委會執行職權，但卻未明文賦予主委有民法第 103 條的「代理權限」，是否本題 C 可以以區分所有權人名義，代為和 D 訂立修繕契約，不無疑問，本題擬答參考德國學說❸意見，而認為管委會主委對於職權範圍內的管理行為，具有法定代理權。但必須強調的是，管委會主委的代理權限僅限於一般平常性的管理行為而已❹，對於非尋常而花費甚鉅，且不具不可推遲性的重大管理行為，為避免對全體區分所有權人造成出乎意料之外的過大負擔，則宜認為即不在管委會主委的代理權限之內❺。依此，則本題的平常性電梯維修，管委會主委可以代理全體區分所有權人和 D 訂立維修契約，而且雖然公寓大廈的組成是一「成員具有可變換性」的組織，故接近「資合組織」性質，但卻仍不具有獨立的權利能力❻，因此契約的當事人自是「全體區分所有權人」。而固然根據民法第 822 條第 1 項：「共有物之管理費及其他負擔，除契約另有約定外，應由各共有人按其應有部分分擔之」，但是如此的「部分債之關係」指的是公寓大廈共有人的內部責任關係，至於對外關係上，全體區分所有權人仍必須負起連帶責任。車道的大規模修繕因屬於花費甚鉅，且不具緊急性的土木工程，依上述見

❸　BGHZ 67, 232; Soergel/Stürner, §27 WEG Rdn. 2.

❹　參閱公寓大廈管理條例第 10 條第 2 項：「共用部分、約定共用部分之修繕、管理、維護，由管理負責人或管理委員會為之」。

❺　參閱公寓大廈管理條例第 11 條第 1 項：「共用部分及其相關設施之拆除、重大修繕或改良，應依區分所有權人會議之決議為之」。

❻　德國在 2007 年修訂公寓大廈法規第 10 條第 6 項 (Wohnungseigentümergesetz)，明訂賦予全體公寓大廈區分所有權人組織有權利能力。

解，管委會主委 C 就不具有代理權限，因此 A、B 就無須對此負責。

結論：A、B 僅須就電梯維修報酬部分，負起連帶責任。

3.地下室門禁卡申請

　　公寓大廈區分所有權的專有部分是一獨立的所有權，因此不排除可以共有專有部分，而就專有部分再成立應有部分。因此實務上就常見建商將某小坪數的地面，劃分成數個停車格成為專用，搭配一個專有部分及基地出售給多數人，真正目的是在取得稀少的市內停車空間。就法律上而言，如此的專有部分及機車停車專用部分的取得，於法有據，該二十人自有權利向管委會申請地下室門禁卡。如公寓大廈其他住戶想要避免如此生活上的困擾，只能在購屋前詳細閱讀地政事務所的「專有」、「專用」登記資料，審慎選購一個理想的住家環境而已。

結論：管委會拒發門禁卡，無理。

題後說明

　　1.具明顯空間區隔性的平面停車位可以成為專有部分，自無疑義。有問題的是，「機械停車位」是否也可以成為專有部分？有鑒於個別機械停車位的可移動性（上下或是左右移動），故一般以為其並不適合成為不動產（！）區分所有權的專有部分。但如果全部機械停車位占有一定的空間，而具有可區隔性，則不排除該空間可以成為「專有部分」，而由數住戶分別共有，再由該專有部分共有人分別共有機械停車位動產，成立分管契約。

　　2.特別法上有所謂「獎勵停車位」，以增加樓地板面積為手段，鼓勵建商增設停車位，以供公眾使用。此類停車位如何讓與？作者以為，應仍須視是否具有獨立的空間區隔性而定，如果已經成為「專有部分」（甚至有門牌的編設），則自有讓與性，但仍必須和建物共有部分及基地權利一併讓與，否則單獨讓與獎勵停車位的「專有部分」而不讓與「車道共有部分」及「基地權利」，實不可想像。

例題 22 【模範社區】——區分所有權會議的決議

　　某公寓大廈管理完善，是該地區的優良示範社區。為繼續維持應有的居住品質，區分所有權人會議作出如下的決議：

1. 大廈房子的出租必須得到區分所有權人會議同意。
2. 不得加裝鐵窗。
3. 大廈管理費用須定期視物價調整。
4. 積欠管理費住戶，取消門禁卡。

　　區分所有權人Ａ認為上述決議並不合理，特別是自己家中有小孩，加裝鐵窗是高樓安全所需。而大廈管理費用頗高，但卻未有相對的管理品質提升，例如總幹事並未能確實監督住戶的垃圾分類及亂停車問題，故主張在未改善前，拒絕繳納管理費，是否有理？

說　明

　　公寓大廈住戶為增進共同利益，確保良好生活環境，通常都會經區分所有權人會議決議，而制訂共同遵守事項的規約。而此種規約也勢必會拘束公寓大廈住戶的生活行為，因此往往就會引起紛爭，而有待法律的解決。

擬　答

　　公寓大廈管理條例第 6 條第 5 款規定：「住戶應遵守下列事項：……五、其他法令或規約規定事項」，根據同條例第 22 條第 1 項第 3 款規定，如有住戶違反規約而情節重大，於三個月內仍未改善者，管理負責人或管理委員會得依區分所有權人會議之決議，訴請法院強制其遷離。如違反規約的住戶為區分所有權人時，管理負責人或管理委員會得依區分所有權人會議之決議，訴請法院命區分所有權人出讓其區分所有權及其基地所有權應有部分；於判決確定後三個月內不自行出讓並完成移轉登記手續者，管理負責人或管理委員會得聲請法院拍賣之。但為避免公寓大廈規約過於嚴苛不利於住戶，如果有區分所有權人對規約內容不表贊同者，則可以根據

民法第 799-1 條第 4 項規定，在三個月內請求法院撤銷之，因此本題，不排除區分所有權人 A 可以訴請法院撤銷公寓大廈的規約。而法院根據民法第 799-1 第條第 4 項所應審查者，在於規約內容「依區分所有建築物之專有部分、共有部分及其基地之位置、面積、使用目的、利用狀況、區分所有人已否支付對價及其他情事，按其情形」是否「顯失公平」？

1.大廈房子的出租必須得到區分所有權人會議同意

本規約目的是在避免公寓大廈區分所有權人，輕易草率將房屋出租於不適當的第三人，而損及公寓大廈的居住品質。只是如此的規約是限制區分所有權人對於專有部分的使用，則是否仍在規約所能規範的範圍？不無疑問。蓋區分所有權中的「專有部分」，其法律性質是一「獨立的所有權」，只要在合於法令限制內，區分所有權人可以對其專有部分自由使用、收益、處分（參閱民法第 765 條及公寓大廈管理條例第 4 條第 1 項：「區分所有權人除法律另有限制外，對其專有部分，得自由使用、收益、處分，並排除他人干涉」）。而今公寓大廈規約卻是限制專有部分所有權人的使用收益方法，明顯違反對所有權權限的認知。而此一公寓大廈規約的規範理由，在於避免區分所有權人將房屋出租給不適當的第三人，以保持公寓大廈的居住品質，但如此的理由和規約所欲達成的目的間，卻欠缺手段上的必要性，因為如果承租人危害公寓大廈的居住品質，則大廈住戶仍尚有其他的救濟手段，例如可以根據上述公寓大廈管理條例第 6 條第 5 款及第 22 條第 1 項第 3 款規定，訴請法院強制遷離。自始將可能的承租人定位於「不受歡迎住戶」，手段上既非必要，亦顯過於嚴苛，因此對於區分所有權人 A 而言，自屬「顯失公平」。

 結論：法院可以裁定變更該規約內容。

2.不得加裝鐵窗

公寓大廈規約規定不得加裝鐵窗，其目的是為大樓外牆美觀，提升社區生活品質，況且公寓大廈外牆乃屬「共有部分」，非屬住戶的「專有部分」，住戶無得主張可以自由使用，不受規範。而住戶 A 卻抗辯自己家中

有小孩，加裝鐵窗是高樓安全所需，如果純以兩者的目的性考量而言，一是「美觀」，另一則是小孩「安全」，似乎自是「安全」考量應優先於「美觀」。只是不排除公寓大廈全體住戶可以主張，基於專有部分自由使用原則，個別住戶可以將鐵窗裝設於自己的房屋內，住戶的小孩安全也可以得到保障，個別住戶並無非得將鐵窗裝設於外牆不可的理由，如是，本題擬答亦傾向認為，公寓大廈規約要求住戶不得在外牆裝設鐵窗，自是有理❼。

結 論： 住戶 A 不得將鐵窗裝設於外牆。

3.大廈管理費用須定期視物價調整

公寓大廈住戶對於管理費用的相關決議，雖然不是屬於直接對共有物的管理事項，但畢竟管理費用仍是要運用於共有物管理，故對於管理費用決議有所爭議時，本題擬答認為亦有民法第 820 條第 2 項的適用，不同意的區分所有權人可以聲請法院以裁定變更之。以本題而言，住戶決議「大廈管理費用須定期視物價調整」，是否有「顯失公平」之情形，故而法院可以加以變更?如果以管理費的用途在於對公寓大廈的共用部分之一般管理、修繕觀之，適度的依物價調整管理費，自仍是合於目的性。至於住戶可否決議「定期」依物價調整? 有鑑於管理費的目的性是在滿足對公寓大廈的共用部分管理及修繕，而且通常也都是以「預付」方式為之，因此「定期」依物價調整，既能靈活反應公寓大廈的事實上管理及修繕費用支出，亦符合管理費通常的「預付」功能性，而無須一再地以煩人的區分所有權人會議，加以調整，故尚難謂「顯失公平」。

只是住戶 A 認為大廈管理費用頗高，但卻未有相對的管理品質提升，故主張同時履行抗辯，拒絕繳納管理費。但公寓大廈管理費的給付，住戶

---

❼ 參閱公寓大廈管理條例第 8 條第 1 項：「公寓大廈周圍上下、外牆面、樓頂平臺及不屬專有部分之防空避難設備，其變更構造、顏色、設置廣告物、鐵鋁窗或其他類似之行為，除應依法令規定辦理外，該公寓大廈規約另有規定或區分所有權人會議已有決議，經向直轄市、縣（市）主管機關完成報備有案者，應受該規約或區分所有權人會議決議之限制。」

可否以管理事項效果不彰為由，而主張同時履行抗辯，不無疑問；因為同時履行抗辯的主張仍必須注意誠實信用原則（參照民法第 264 條第 2 項），如果同意住戶可以以同時履行抗辯為由，而拒絕給付管理費，如此一來勢必會癱瘓整個公寓大廈的一般管理及修繕，而有害公益，故通說❽以為住戶不能主張同時履行抗辯，而拒絕繳納管理費。

結論：決議有理，且住戶 A 不能拒絕繳納管理費。

4.積欠管理費住戶，取消門禁卡

同樣地，如果住戶積欠管理費，管委會主委亦可代理全體區分所有權人，向積欠的住戶請求給付。而本題區分所有權會議卻決議「積欠管理費住戶，取消門禁卡」，是否符合公平原則，不無疑問；因為取消門禁卡結果將使得住戶無法使用自己的專有部分，而違反所有權的保護。況且管理費的使用目的僅在於公寓大廈的共用部分管理及修繕，故不能因管理費的積欠，就剝奪住戶對於自己專有部分的使用，因此此一決議已逾越管理費的目的性，故而顯失公平。

結論：決議違法。

題後說明

臺灣新北地方法院 101 年訴字第 784 號判決，同意管委會可以根據大廈規約禁止原告將所購得的二十八個專用停車位出租給社區以外對象。基於區分所有權不可分離性的法律思維，專用停車位的使用人也不應和專有部分使用人分離，因此管委會禁止區分所有權人原告將「專用停車位」出租他人使用，而保留自己的專有部分使用權，確屬有理，作者贊同地院判決。同理，也有區分所有權人將大廈專有部分出租後，自己卻主張仍擁有共用游泳池的使用權限，亦屬違反區分所有權內容不可分離原則的法律思維，於法不符。

❽　Palandt/Bassenge, §16 WEG Rdn. 11.

例題 23 【游泳池的使用協議】——共有物管理決議效力

A、B、C兄弟三人，分別共有一塊土地，因為感情甚篤，故合資蓋一透天厝，分住一、二、三樓，並在剩餘空地蓋一游泳池。因兄弟三人小孩甚多，夏天使用游泳池頻繁，故而經常發生爭吵，因此A、B二人決議以出資額的多寡，決定游泳池的使用時間。

1. 該決議是否合理？
2. C將其應有部分讓與D。D拒絕接受該規定，是否有理？
3. A如何確保可以永久居住於一樓，而不致被變更？

說 明

共有關係往往會產生對於共有物使用上的爭議，故而共有人就會彼此規範共有物的使用範圍，然而如此的規範是否符合法律規定？是否拘束新的共有人？本題即對此加以練習。

擬 答

1. 以出資額的多寡，決定游泳池的使用時間

本題A、B及C三人分別共有土地及房子所有權，至於分別共有的持分比例認定，原依民法第817條第2項規定：「各共有人之應有部分不明者，推定其為均等」，但因不動產所有權的登記，根據土地登記規則第43條第1項規定，應記明應有部分，因此A、B及C的持分認定，不排除首先應以土地登記內容為準，而非以出資額或是推定均等為準。至於分別共有人應如何使用共有物？民法第818條規定：「各共有人，除契約另有約定外，按其應有部分，對於共有物之全部，有使用收益之權」，條文雖謂「按其應有部分」，但卻不可以被誤會成A、B及C三人只能在空間上或是時間上使用游泳池共有物的三分之一，因為分別共有人應有部分的概念，只是一種抽象理念上的權利比例，而非是物理上對於共有物的享有比例，因此本題不論A、B及C對土地、游泳池的持分多少，對於游泳池共有物的

使用，都可以主張在空間上及時間上，擁有全部的使用權限，而非依其應有部分比例，限於游泳池部分的使用而已。因此即使本題有某共有人全年都在使用游泳池共有物，而其他共有人卻因繁忙未曾使用，其他共有人亦無得對之主張「超時」使用的不當得利，當然其他共有人也不能決議限制該共有人全年的使用時間，否則即是違反應有部分的概念，也是一種權利濫用。

　　問題是，一如本題共有人要同時使用游泳池共有物，但卻基於物之性質，無得供全體共有人同時共同使用，則共有人間的使用權限衝突，應如何解決？對此，通說❾以為宜依誠實信用原則，共有人間應彼此相互體諒，達成順利共同使用的共識。但如果共有人間仍無法求得共識解決，不排除可以適用第 820 條第 1 項，以決議解決同時使用衝突的爭議，以本題為例，以「出資額多寡」決定共有物同時使用衝突時的分配標準，不乏是一合理的解決。

結　論：決議合法。

2.共有物管理約定對繼受人的效力

　　是否應有部分的新受讓人 D，應受共有物管理約定的拘束？最高法院 48 年度臺上字第 1065 號判決要旨謂：「共有人於與其他共有人訂立共有物分割或分管之特約後，縱將其應有部分讓與第三人，其分割或分管契約，對於受讓人仍繼續存在」；但是大法官釋字第 349 號解釋卻認為：「最高法院四十八年度台上字第一〇六五號判例，認為『共有人於與其他共有人訂立共有物分割或分管之特約後，縱將其應有部分讓與第三人，其分割或分管契約，對於受讓人仍繼續存在』，就維持法律秩序之安定性而言，固有其必要，惟應有部分之受讓人若不知悉有分管契約，亦無可得而知之情形，受讓人仍受讓與人所訂分管契約之拘束，有使善意第三人受不測損害之虞，與憲法保障人民財產權之意旨有違，首開判例在此範圍內，嗣後應不再援用」，因此民國九十八年增修民法第 826-1 條規定：「不動產共有人間關於

---

❾　MünchKomm/Schmidt, §743 Rdn. 12.

共有物使用、管理、分割或禁止分割之約定或依第 820 條第 1 項規定所為之決定，於登記後，對於應有部分之受讓人或取得物權之人，具有效力。其由法院裁定所定之管理，經登記後，亦同。動產共有人間就共有物為前項之約定、決定或法院所為之裁定，對於應有部分之受讓人或取得物權之人，以受讓或取得時知悉其情事或可得而知者為限，亦具有效力」。依此，以本題的不動產共有物為例，必須共有人將游泳池的使用限制決議，於登記後始能對新受讓人發生效力，否則受讓人 D 即無須受其拘束。

：D 無須受決議拘束。

3. A 可以確保目前居住一樓的可能方法有：

(1)禁止分割約定

　　A 可以和 B、C 兩人約定共有物（房子）的共管契約，約定由 A 使用一樓，並且可以再約定禁止分割條款，以避免 B、C 二人利用（隨時）分割請求權（參照民法第 823 條第 1 項前段），規避 A 可以使用一樓的共管契約拘束力。而且為避免 B、C 二人之後將其應有部分讓與給第三人，A 尚且應將該共管及禁止分割約定加以登記，以對抗應有部分的受讓人（參閱民法第 826-1 條第 1 項）。只是如此的方法，卻受限於民法第 823 條第 2 項：「但共有之不動產，其契約訂有管理之約定時，約定不分割之期限，不得逾三十年；逾三十年者，縮短為三十年」，只能維持三十年，而且根據同條第 3 項規定：「前項情形，如有重大事由，共有人仍得隨時請求分割」，例如 B、C 當中若有人因病而行動不便，無法上下樓梯，雖 A、B、C 共有人間有禁止分割契約存在，但仍得隨時請求分割共有物，以便取得一樓的使用。此外德國民法尚且規定，共管契約的登記，也不能對抗因強制執行而受讓應有部分的受讓人❿。綜上所述，似乎共管及禁止分割約定，並非是妥善的方法。

(2)同一建築物之所有人區分

　　比較可行的方法，應是 A 可以建議和 B、C 二人就其共有的建築物，

---

❿　參閱德國民法第 751 條第 2 項。

根據民法第 799-2 條，區分為數專有部分登記所有權，並取得一樓專有部分的所有權，以保持其永久單獨使用一樓的可能性❶。

結論：A 可以運用民法第 799-2 條。

題後說明

民國九十八年增訂民法第 799-1 條及第 826-1 條，對同為不動產共有物的使用、管理規定，是否對應有部分繼受人發生效力，竟有不同的規範。前者規定：「區分所有人間依規約所生之權利義務，繼受人應受拘束；其依其他約定所生之權利義務，特定繼受人對於約定之內容明知或可得而知者，亦同」，但後者卻規定必須以登記為對抗要件：「不動產共有人間關於共有物使用、管理、分割或禁止分割之約定或依第八百二十條第一項規定所為之決定，於登記後，對於應有部分之受讓人或取得物權之人，具有效力」，令人無所適從。作者從民法第 826-1 條之立法。

❶ Gottwald, PdW Sachenrecht Fall 108。

例題 24 【無法完工的觀海別墅】——區分所有權會議決議續 建工程

　　某建設公司在淡水推出觀海別墅，該觀海別墅主體工程已進入完工階段，而只剩庭院景觀及別墅內各房間的裝潢尚未完成。但因銷售情況並不好，故建設公司資金周轉不靈，負責人不知去向，因此也就停止別墅的建造。

1.買受人 A 如何可以促使別墅繼續完工？

2.住戶 B 只給付一小部分價金，則可以如何因應？

說　明

　　區分所有權人之間形成共有關係，因此對於大廈建築物也就有休戚與共的關係，因此一旦建商無法完成大廈建築物，區分所有權人不排除應妥善安排適當的解決方案。本例題確實發生在德國實務案件判決，但在我國學說及實務則尚未有如此討論，故在此參考德國 Bassenge 及 Gottwald 兩位教授的見解，希望可以提供我國法界進一步參考。

擬　答

1.買受人 A 如何繼續完成別墅的建造

　　因為別墅買受人和建設公司之間並無承攬契約關係，因此也就無法請求其必須繼續興建完成[12]。因此可以考慮的就只是全體買受人如何以自己的力量，出資和建設公司訂立契約，促使建設公司繼續完成別墅的建造。問題是，全體區分所有權人是否負有相互協力義務，彼此配合，共同出資完成別墅的續建？換言之，區分所有權人可否召開全體區分所有權人會議，決議全體區分所有權人應按其應有部分比例出資（參照民法第 822 條第 1 項），以利區分所有建築物的繼續完成？固然區分所有權人有遵守區分所有權人會議決議的義務（參照民法第 820 條及公寓大廈管理條例第 32 條第 2

[12] Palandt/Bassenge, §2 WEG Rdn. 12.

項），但是一個尚未完成的大廈建築物，是否區分所有權人也負有遵守決議的義務，則不無疑問，但學說❸終究採肯定見解，特別是當區分所有建築物已達超過百分之五十以上的建築程度時，如果能夠繼續完成建造，勢必將能提高別墅建物價值，而有利全體區分所有權人，因此依學說見解，此時區分所有權人已能召開區分所有權會議，決議是否續建。以本題為例，因為區分所有建築物只剩庭院景觀及別墅內各房間的裝潢尚未完成，因此應肯定民法第 820 條即使在區分所有建築物尚未完成前，亦有類推適用的可能。但學說❹也強調，區分所有權人會議所能決議者也僅限於共有部分的續建而已，例如本題的庭院部分續建，而不包括專有部分的續建，例如本題別墅內各房間的裝潢。

 ： A 可以藉由全體區分所有權人會議，決議按應有部分比例出資續建庭院。但對於自己房間內部裝潢部分，A 則必須自行出資完成。

2.僅繳納一小部分價金的住戶 B 如何因應？

但肯定全體住戶必須接受決議，出資繼續完成區分所有建築物的完成，自有可能不利於一些區分所有權人，例如本題區分所有權人 B 只繳納一小部分價金，對 B 而言，似乎解除買賣契約以脫身，才是明智之舉，故不宜強迫 B 必須接受決議。因此學說❺以為，如果有區分所有權人向建商主張給付遲延，並解除契約（參照民法第 254 條），則即無須受決議約束。

 ： B 可以主張解除買賣契約，而不受全體區分所有權人會議決議拘束。

---

❸　Palandt/Bassenge, §2 WEG Rdn. 12.；但也有學說認為，不論區分所有建築物已經完成的程度為何，區分所有權人都可以以決議決定續建與否，參閱 Ott, NZM 03, 135.

❹　Palandt/Bassenge, §2 WEG Rdn. 12.

❺　Gottwald, PdW Sachenrecht Fall 114.

例題 25 【意見不合的夫妻】——共有在訴訟上的保護

A 夫 B 妻二人分別共有一筆土地，而將該筆土地賣給 B 妻的父親 C，並完成土地所有權移轉登記及交付。之後發現買賣契約及物權移轉行為都不成立，A 夫想取回土地，但 B 妻卻頗為猶豫，甚而不願意。

1. A 夫無奈單獨起訴，請求岳父 C 返還土地占有給自己一人，有無道理？
2. A 夫 B 妻二人共同提起訴訟，B 妻卻臨時退縮不願出庭，法院是否應為一造辯論判決？
3. 如果 A、B 的共同訴訟獲得勝訴確定判決，但 B 卻又臨時退縮不願強制執行，A 如何為之？
4. 如果 A、B 夫妻兩人的財產關係是民法第 1031 條的共同財產制，結果有無不同？

說 明

民法第 242 條規定有「債權人代位權」，使得債權人可以「以債權人自己名義，行使債務人權利」。而第 821 條也有相同的「共有人代位權」規定：「各共有人對於第三人，得就共有物之全部為本於所有權之請求。但回復共有物之請求，僅得為共有人全體之利益為之」，使得個別共有人可以「以個別共有人自己名義，行使全體共有人對第三人的占有返還請求權」。

擬 答

1. A 夫單獨起訴，請求 C 返還土地占有給自己一人

⑴ A 夫主張自己的應有部分受侵害

A 夫起訴請求岳父 C 返還土地占有的請求權基礎，可能是民法第 761 條第 1 項前段。前提必須 A 夫是土地的所有權人，而本題 A 夫雖然僅是土地的分別共有人，但是其應有部分所有權亦受法律保護，故不妨礙 A 夫可以以其「應有部分受侵害」為由，而單獨起訴向無權占有人 C 請求返還占

有；只是 A 夫的土地所有權應有部分的占有權限，僅限於「共同占有」而非是「單獨占有」（參閱民法第 965 條），所以 A 夫無得在訴之聲明主張「請求將土地返還占有於自己一人」，而只能主張被告 C 必須返還土地的共同占有於自己。

⑵ A 夫主張民法第 821 條的代位權

原本權利人只能就自己的法律關係主張自己的權利，但民法第 821 條特別規定，個別共有人可以超脫自己的「應有部分」權利，而以自己一人名義主張「共有物全部受侵害的返還請求權」，將個別共有人可以主張的返還請求權擴及到其他共有人的「應有部分」，這也是一種行使「代位權」的概念。只是民法第 821 條對於共有人的返還請求權「代位權」行使效果，卻有限制，共有人只能「僅得為共有人全體之利益為之」，換言之，共有人代位行使全體共有人的共有物返還請求權，只能主張將共有物返還占有於全體共有人，而不能主張將共有物返還於自己一人占有。依此，本題 A 夫根據民法第 821 條以自己名義單獨起訴，向 C 請求返還土地占有於一人，就屬於法不符，法院應在程序上加以駁回，但不排除 A 可以變更訴之聲明（參照民事訴訟法第 255 條第 1 項第 2、3 款），加以救濟。至於民法第 821 條的既判力是否及於未起訴的共有人 B 妻？一般以為❶，民法第 821 條的勝訴判決既判力及於其他共有人，但敗訴判決卻不及於其他共有人。

結 論： 法院應駁回 A 夫之訴。

2.一造辯論判決

共有人基於共有物對第三人的返還請求權，根據民法第 821 條規定，可以由個別共有人提出，所以不是民事訴訟法第 56 條的必要共同訴訟，自無疑義。問題是，如果共有人是以全體共有人名義，共同提起共有物返還之訴，是否法院的判決必須及於全體共有人？抑或可以對個別共有人為之？對此學說頗有爭議：

---

❶ RGZ 119, 163，並參閱姜炳俊，〈共有物請求之訴訟〉，《月旦法學教室》，第 9 期，第 16 頁。不同意見，謝在全，《民法物權論（上）》，第 557 頁。

(1)肯定說❶

　　此說認為，當共有人提起共同訴訟，為避免訴訟結果的矛盾，法院判
決自然必須對全體共有人共同為之。準此以言，當本例題的個別共有人 B
妻在言詞辯論缺席，但法院仍不可以對 B 妻個人為一造辯論判決。

(2)反對說❶

　　此說認為，既然共有物返還之訴不是必要共同訴訟，當然法院就無須
對全體共有人為同一判決。換言之，既然個別共有人無須以共同訴訟起訴
請求共有物返還，而可以以個別共有人名義訴訟起訴，而可以有不同的判
決結果，則當共有人共同起訴返還共有物，法院判決也就無當然必須對全
體共有人為之的理由。準此以言，則本例題法院就可以對 B 妻個人為一造
辯論判決。對此，本題擬答採之。

結 論： 法院可以對 B 妻為一造辯論判決。

3.聲請強制執行的代位權

　　學說❶以為，共有人之一依民法第 821 條，既得為全體共有人之利益，
請求回復共有物，其於取得勝訴判決之執行名義後，自亦得為全體共有人
之利益聲請強制執行。故共有人於聲請執行時，只須聲請將共有物交還於
全體共有人即可，無須由全體共有人聲請。只是如果共有人仍不同意受領，
則不排除得請求僅返還給部分共有人受領❷。

結 論： A 可以單獨聲請強制執行。

4.公同共有

　　不同於分別共有，公同共有並無共有人自己「應有部分」的概念，因
此對於公同共有物的處分，必須得到全體共有人之同意始能為之，故在公

---

❶　Soergel/Stürner, §1011 Rdn. 2.

❶　Soergel/Stürner, §1011 Rdn. 2.
❶　BGHZ 92, 351.
❶　謝在全，《民法物權論（上）》，第 557 頁。
❷　Jauernig, §1011 Rdn. 2.

同共有也就應無民法第 821 條「代位」之適用。換言之，個別公同共有人並無法不顧其他共有人的意思，而以自己一人之意思決定對共有物的處分；當然也不能以自己一人名義，代位其他公同共有人行使物上請求權[21]，因此涉及公同共有事項的訴訟，屬於民事訴訟法第 56 條的必要共同訴訟。只是民國九十八年修訂物權法，卻增訂民法第 828 條第 2 項，明訂公同共有關係可以準用民法第 821 條，本題擬答以為既違反公同共有關係概念及基礎，也混淆和分別共有關係的區別，更不符合民事訴訟法的「必要共同訴訟」理念，令人不解。但無論如何，本題 A、B 夫妻二人的財產關係是共同財產制，則兩人對共有的土地即是公同共有關係（參照民法第 1031 條），基於現行民法第 828 條第 2 項準用民法第 821 條的結果，A 夫及 B 妻都可以單獨以自己名義，對 C 提起土地占有返還之訴，請求返還於全體共有人。

結論：A、B 二人仍都可以單獨以自己名義，對 C 提起土地占有返還之訴，請求返還於全體共有人。

---

[21] Jauernig, §1011 Rdn. 3。

第五章

所有權保護

第一節　相鄰地關係

例題 26　【棒球場的噪音】——間接妨害人的責任

　　某市議會通過條例，將某住宅區變更為商業區，再同意職棒聯盟 A 興建棒球場。棒球場完工後，職棒聯盟 A 舉辦賽事，雖然為該區周遭帶來商業繁榮，但是居民也為球場所發出的噪音所擾。經向市府反應，市府表示尚合於噪音管制標準。某日居民 B 終於不堪所擾，認為自己早在棒球場興建前即居住於此，無理由接受該噪音，而且球迷人潮來來往往，影響其居住品質，因此要求職棒聯盟 A 必須設法管制噪音及人潮。職棒聯盟 A 則以自己不是噪音製造者而拒絕。

　　問：B 可以如何主張？

說　明

　　民法物權編最重要的請求基礎，莫過於民法第 767 條第 1 項前段的「所有物返還請求權」。只是對於該請求權的練習，本書已經陸續在個別例題中，加以敘述，因此本系列例題就改著重於民法第 767 條第 1 項中段的「占有妨害」練習。而也必須提醒解題者，固然民法第 767 條第 1 項中段的「占有妨害」在環保私法議題上占有重要的地位，但因民法第 793 條有特別的規定，故而必須優先考量。也建議解題者，可另外參考作者的《債法總論實例研習——法定之債》中的例題 40【環境污染及保護】，一併練習。

擬　答

1. B 可能可以根據如下的請求權基礎，主張因為棒球場舉辦球賽所產生的噪音及人潮，對其房屋不動產所有權已經造成侵害，故而請求職棒聯盟 A 必須採取必要的除去及防止侵害措施

⑴噪音的容忍

民法第 793 條規定：「土地所有人於他人之土地、建築物或其他工作物有瓦斯、蒸氣、臭氣、煙氣、熱氣、灰屑、喧囂、振動及其他與此相類者侵入時，得禁止之。但其侵入輕微，或按土地形狀、地方習慣，認為相當者，不在此限」。條文雖無如民法第 767 條第 1 項後段，對於將來可能的侵害規範有「防止侵害」請求，但亦應做相同理解，因此 B 可能可以根據民法第 793 條請求職棒聯盟 A 除去噪音，並請求防止噪音的產生。要件檢查如下：

①職棒聯盟 A 是否是噪音製造者？

問題是，職棒聯盟 A 不是噪音的製造者（噪音製造者是球迷），B 卻是向 A 請求除去及防止噪音侵害，是否有理？學說❶對於「侵害者」概念，一向有「直接侵害者」及「間接侵害者」的區分，前者是指造成所有權受侵害的行為人（又有稱之為「行為侵害人」），後者則是指基於其意思而使侵害狀態形成之人（又有稱之為「狀態侵害人」）。以本題為例，固然噪音不是職棒聯盟所發出，故而不是直接侵害行為人，但因為是職棒聯盟舉辦賽事，噪音始有產生的可能，而且職棒聯盟也會繼續舉辦賽事，而持續容許噪音的產生，因此是屬於後者的「間接侵害人」（狀態侵害人），故而也可以成為民法第 767 條的被請求對象。

②居民 B 有無容忍噪音的義務？

基於今日的都市發展及經濟上的需求，不可避免地，噪音及相類似的環保侵擾的法律爭議勢必越來越多。為求兩者平衡，民法第 793 條特別有所規範，大致上以侵害是否重大為區分：對於重大的侵害，如果按土地形狀、地方習慣，認為相當者，不動產所有權人負有容忍義務；但如果是輕微侵害，則（直接、間接）侵害人一概不負有除去及防止侵害的義務。至於侵害是否重大屬於「不確定法律概念」，一般而言，可以由（噪音）侵害管制的相關行政規定標準為大致認定，即如果（噪音）侵害合於行政規定標準，原則上即可以認定非屬重大，但也必須強調，即使符合行政規定的噪音，不代表土地所有權人就不能再舉證證明，符合管制標準的（噪音）

---

❶　Baur, Sachenrecht §12 III.

侵害仍屬重大❷。以本題而言，即使棒球場比賽所製造出來的噪音，合於相關的行政規範標準，然而棒球賽球迷所造成的喧囂，震天價響可以想見，故是屬於重大侵害，自無疑義。問題是：職棒聯盟 A 可否主張，居民 B 負有容忍棒球賽所發出噪音的義務？

　　a.公共利益

　　雖然民法第 793 條原文並未有「公共利益」字眼，但「公共利益」在法律上始終是限制個人權利最重要的可能考量事由（參照民法第 148 條第 1 項）。首先可以考慮的是，職棒聯盟 A 可否以「推展棒運」的「公共利益」為由，而主張居民 B 負有容忍義務？對此，本題擬答以為固然基於公共利益，個人利益有時確實有必要退縮❸，但卻必須謹慎認定，否則公共利益無處不在，等同個人利益隨時都會遭受侵害而不受保護，因此要問的是，是否職棒聯盟無法再以其他方式去除噪音，故在基於「公共利益」大於「個人利益」的考量下，居民 B 負有容忍義務？而可以想見的是，以今日的建築科技，不排除職棒聯盟可以將開放式的球場，改建為封閉式的「巨蛋球場」，甚至可以加強隔音建築設備，達到盡量減少噪音，妨害居民生活的效果，而不是一味以「公共利益」要求居民必須忍受。只是本題以為，如此的噪音除去建築設施，就經濟觀點而言，勢必花費甚大，對於噪音減除的效果，比例上是否值得，不無疑問，要檢視的是，是否對於一般相同規模的運動組織而言（不是以本題職棒聯盟 A 的經濟能力為觀點），如此的改善噪音設施，在經濟有無合理期待可能性？如果認為本題的棒球場噪音改善設施，對一般運動組織而言，是一筆無法承受的財力負擔，而不具合理的期待可能性，則本題擬答終究並不認為可以加諸職棒聯盟 A 負有改建球場的義務，以求噪音的阻絕，故職棒聯盟 A 以「公共利益」為訴求，應為有理。

---

❷　劉昭辰，《債法總論實例研習——法定之債》，例題 40。

❸　參閱民法第 796-1 條第 1 項：「土地所有人建築房屋逾越地界，鄰地所有人請求移去或變更時，法院得斟酌公共利益及當事人利益，免為全部或一部之移去或變更。但土地所有人故意逾越地界者，不適用之」。

b.與土地形狀、地方習慣相當者

此外民法第 793 條明文規定，只要（噪音）侵害和「土地形狀、地方習慣」相當者，不動產所有權人即負有容忍的義務。而所謂和土地形狀相當者，典型例子就是居民必須接受工業區內工廠所發出的噪音侵害，但卻無須接受位於住宅區內（違法）工廠所發出的噪音侵害。以本題而言，既然棒球場是位於商業區，則其所發出的噪音，自然就是符合商業區的本質，故商業區的居民 B 自似有容忍義務。只是 B 得否主張，其原先是居住於「住宅區」，而是市議會之後變更地目，將「住宅區」改為「商業區」之後棒球場才興建，因此自己並無負有容忍義務？對此，應認為土地使用目的的地目決定，以（噪音）侵害發生時為準，而不以居民最初居住時的地目為準❹，否則將會造成對不同的居民有不同的噪音禁止標準，危害法律安定性，誠為不宜。換言之，本題居民 B 無得以自己居住於此先於棒球場的興建，而抗辯無須接受地目變更結果。

：居民 B 負有容忍棒球場噪音的義務。

2.人潮的容忍

本題居民 B 也主張球賽所帶來的人潮對居住品質的影響。只是球賽人潮所造成對不動產所有權的影響，是否屬於民法第 793 條的蒸氣、臭氣、煙氣、熱氣、灰屑、喧囂、振動以外的「其他與此相類者侵入」者？若是以民法第 793 條的原文文意所指，似乎應泛指凡是所有會對於土地上的人體組織感官產生影響的侵害，都為民法第 793 條所禁止，自然也應包括會對人體美學上的感官造成影響的侵害❺，例如在鄰地做日光浴，或是例如本題的大量球迷人潮所帶來的不舒適。而也必須強調的是，對於如此感官上的影響侵害，仍必須僅限於重大侵害，且與土地形狀、地方習慣無不相當者，不動產所有權人始能禁止之。以本題而言，既然該區已經被劃為商

---

❹　Gottwald, PdW Sachenrecht Fall 39。

❺　不同意見，Larenz/Canaris, SchR II/2, S. 516, 517，認為感官上的妨害應純屬一般人格權受侵害問題，而不應以物權法加以處理。

業區，則人潮的出現自是符合土地形狀，即使人潮是大量出現，居民 B 亦有容忍的義務，而不能請求職棒聯盟 A 必須加以防止。

結 論：居民 B 也負有容忍棒球場觀眾人潮的義務。

3.損害賠償責任

據上所述，居民 B 負有容忍噪音及人潮的義務，但是如此結果卻不免對居民 B 不公平。對此德國民法規定有獨立的無過失「補償責任」，其理由及法律思維在於基於衡平、補償考量：一方面無辜的受害人無得對噪音等侵害行為主張禁止，而必須容忍，因此另一方面當然就必須給予相當的補償，以求衡平，就法律價值判斷上，堪稱公允。而我國民法雖未有具體的法例規定，但卻也在民法第 791 條第 1、2 項，有相類似法律思維的規定：「土地所有人，遇他人之物品或動物偶至其地內者，應許該物品或動物之占有人或所有人入其地內，尋查取回。前項情形，土地所有人受有損害者，得請求賠償。於未受賠償前，得留置其物品或動物」，藉此呼籲我國民法界應以習慣法加以採用[6]。

結 論：居民 B 可以向職棒聯盟 A 請求相當的補償。

---

[6] 對於其他「衡平、補償思維」的無過失賠償責任相關案例，參閱劉昭辰，《債法總論實例研習——法定之債》，例題 31。

例題 27 【臭豆腐的味道】——物上請求權的消滅時效

A、B 分別住在住宅區大樓的一樓及二樓。A 自祖父一代以來就經營臭豆腐製造批發生意,至今已逾三十年,但 B 在繼承大樓二樓所有權後,因無法忍受臭豆腐味道,故要求 A 必須改善。但 A 認為工廠已經在此經營三十年,鄰居都能接受臭豆腐的「香味」,何須改善?

說 明

因無權占有他人之物,所引發的民法第 767 條第 1 項前段「所有物返還請求權」,其消滅時效問題,耳熟能詳,並無重大爭議;相對地,民法第 767 條第 1 項中段及後段的「占有受妨害」及「除去妨害」請求權及其時效規定,就少被討論。

擬 答

A 在大樓一樓所經營的臭豆腐生產工廠所產生的氣味,致使二樓住戶 B 無法忍受,自構成民法第 793 條的所有權妨害,而可以請求禁止。至於臭豆腐究竟是一臭味?抑或香味?則對所有權妨害而言,並無關鍵性,因為只要是強烈濃郁的氣味,都構成所有權的重大妨害。本題的臭豆腐味道濃烈,屬於重大妨害,且臭豆腐製造工廠並非位於商業區或是工業區,因此 B 並無容忍之義務。問題是,該氣味已經存在有三十年,一般而言如果沒有特別的時效中斷情況存在,會因民法第 125 條十五年不請求而時效消滅,故而是否 B 之請求權已罹於時效無法請求?

1. 除去妨害請求權的時效問題

有學說❼認為,不論是民法第 793 條,抑或民法第 767 條第 1 項中段的「除去妨害請求權」,只要該請求權是因「已登記不動產所生的請求權」,就無時效消滅可言。但也有認為,已登記不動產所生的所有物返還請求權,雖不罹於時效,但其「除去妨害請求權」卻仍會因十五年不請求而罹於時

❼ Picker, JuS 1974, 357., 並參閱大法官釋字第 107 號解釋。

效。對此本題擬答採前說，否則如果「已登記不動產除去妨害請求權」會罹於時效，則不啻必須繼續容忍相鄰地不動產所造成的危險狀態？例如民法第 776 條的破潰工作物之修繕疏通請求權，如果會因十五年未請求而罹於時效，殊難想像其後果。

2.不動產所有權變動，影響相鄰地關係請求時效

但如果認「已登記不動產除去妨害請求權」會罹於時效，則本題不動產受妨害的所有權人已因繼承關係而發生變動,是否也會影響時效的認定？德國最高法院[8]認為，即使受妨害不動產所有權人變動，也不會發生「除去妨害請求權」時效重新起算的效果，因為妨害行為自始未曾改變。但學者 Medicus 教授[9]卻認為，「除去妨害請求權」會因所有權的變動而重新起算，但如果是因為繼承而發生所有權變動，則繼承人必須接受發生於被繼承人的時效抗辯。於此，本題擬答亦採 Medicus 教授意見，否則若認為時效已經中斷，但不動產受讓人卻無法由土地登記簿上得知罹於時效效果，將有害交易安全，勢必更會影響物的交易性，而無法發揮物的經濟效益。

結論： B 因是繼承大樓二樓，所以其除去妨害請求權因繼承而已罹於時效，故不可以請求 A 必須防止臭豆腐味道的散發。

---

[8] BGHZ 60, 235.

[9] MünchKomm/Medicus, §1004 Rdn. 72.

例題 28　【承租人越界蓋房子】──越界建築

　　A 將其土地出租給 B 建築房屋（租地建屋），B 委由某建築師代為設計藍圖，但因建築師測量時的重大過失，致使 B 所建之房屋陽臺越界使用到 C 的土地上空。

　　C 雖明知 B 已經越界建築，但卻基於多年鄰居關係，不便明講，只是一再以「B 所建房屋陽臺，將會妨礙自己房子的採光」為由，對 B 表示反對陽臺的興建，但 B 不理睬。待 B 房屋建築完成後，C 因為無法使用被越界的土地上空，以至於自己的建屋計畫也必須延宕，而受有損害。

1. C 可以為如何主張？
2. 如果 B 不是「可責性越界建築」，即無須拆除所建之房屋。但在 B 發現陽臺已經越界之後，B 又在陽臺加蓋鋁窗。C 是否可以主張其無須容忍鋁窗的增設？
3. 如果 A 僅是出租土地供 B 耕作（租地耕作），並約定 B 不許建築房屋。又有何不同？

說　明

　　民法物權編中的相鄰地關係條文甚多，實務上最重要者即屬民法第787 條的「袋地通行權」、民法第 793 條的「氣響侵入禁止規定」及民法第796 條的「越界建築」，是準備物權法考試不能錯過的三大部分。

擬　答

1. C 可能的主張如下：

⑴民法第 767 條第 1 項前段

　　C 可能可以根據民法第 767 條第 1 項前段，請求 B 拆屋還地，而該請求權存在的前提必須是 C 根據民法第 796 條第 1 項，並無容忍 B 所建造房屋越界的義務。民法第 796 條第 1 項規定：「土地所有人建築房屋非因故意或重大過失逾越地界者，鄰地所有人如知其越界而不即提出異議，不得請

求移去或變更其房屋。但土地所有人對於鄰地因此所受之損害，應支付償金」。要件檢查如下：

①B越界建築

本題B所建房屋並非是利用到C的土地地面，而是房屋陽臺越界，占用C土地的上空，學說❿認為空間逾越亦構成越界建築。

②土地所有人

按民法第796條第1項原文，可以主張越界建築者，為有土地所有權人而已，則本題的B只是土地的承租人，似乎就無得主張C的容忍義務。惟租借他人土地建築，為一般經濟生活所多見，若仍否定建地承租人無越界建築規定的適用，誠屬不合理，故民國九十九年修法，增訂民法第800-1條：「第七百七十四條至前條規定，於地上權人、農育權人、不動產役權人、典權人、承租人、其他土地、建築物或其他工作物利用人準用之」，使得本題的土地承租人B亦有適用民法第796條第1項的可能。

③B越界建築是基於故意或是重大過失

民法第796條的越界建築，區分成「可責性」及「非可責性」兩種。前者指越界建築人因故意或是重大過失而越界建築，則該越界建築情況即不受民法第796條的保護，而應適用一般的民事規定，例如侵權行為、不當得利及所有物返還等規定；而後者的「非可責性」越界建築就有適用民法第796條的可能。本題B本人並非故意越界建築，而因B也有正當理由信賴建設公司的建築能力，故亦無重大過失越界建築可言。問題是，B是否必須承受建築師的過失，而成為「可責性越界建築」故無民法第796條的適用？對此，意見頗為分歧、爭議：

a.類推適用民法第105條

德國最高法院⓫認為，如果房屋所有權人委由建築師代為設計房屋藍圖，則因建築師重大過失所引起的越界建築，宜以類推適用相關代理規定處理（即類推適用我國民法第105條規定），令房屋所有權人就建築師的重

---

❿ 謝在全，《民法物權論（上）》，第331頁。

⓫ BGHZ 42, 63.

大過失負責。但德國最高法院也強調，如果土地所有權人是委由建設公司建造房屋，而因建設公司受僱建築師的測量繪圖過失而越界建築，或是因建築工人的過失而越界建築，土地所有權人（定作人）都無須根據相關代理規定承擔建設公司的過失，因為建築承攬人（建設公司）並無對外代表土地所有權人的權限，因此就無類推適用相關代理規定的正當性。

b.民法第 224 條

德國 Schwab 教授❶則以為，基於相鄰地所有權人之間的相鄰地關係，故可以認為相鄰地所有權人之間的「應注意不越界建築義務」，是一債之關係，而建築師即是相鄰地所有權人的債之關係履行輔助人，因此建築師的重大過失而致使越界建築，土地所有權人即必須根據（我國）民法第 224 條，承擔其重大過失行為。但是類推適用民法第 224 條，相較於類推適用民法第 105 條，因欠缺「但代理人之代理權係以法律行為授與者，其意思表示，如依照本人所指示之意思而為時，其事實之有無，應就本人決之」之規定，結果不排除土地所有權人 B 會利用建築師的善意不知而指示其為特定的測量及設計，以牟取不當的越界利益，殊不合理，故而終究不為本題擬答所採。

c.民法第 188 條第 1 項

德國 Baur 教授❸則以為，有鑒於越界建築具有侵權行為性質，因此應適用（我國）民法第 188 條第 1 項，以土地所有權人對於建築師的職務執行，有無選任或監督上的過失為定。只是德國最高法院認為，越界建築是否是一侵權行為性質，不無疑問，特別是「非可責性越界建築」明顯即不具侵權行為性質，故未採用其見解。

小結：本題擬答採德國最高法院意見，而認為越界建築人 B 必須類推適用民法第 105 條「代理」規定，對其所委任建築師的重大過失負責。

④ C 必須明知越界建築，而未提出異議

題示 C 明知 B 越界建築，也提出異議，似乎滿足民法第 793 條的要

---

❶ Schwab/Prütting, Sachenrecht §28 V 1.

❸ Baur, Sachenrecht §5 II 1.

件。然 C 提出異議的理由不是因為 B 的陽臺越界建築，而是以「B 所建房屋陽臺，將會妨礙自己房子的採光」為由，反對 B 的房屋陽臺興建，是否符合民法第 793 條的要求？本題擬答以為，土地所有權人的異議，為有相對人的意思表示，但並無特別的要式性要求，亦無須附任何理由，是一種對越界建築人的警示，越界建築人在他人的異議下，自必須審慎再為詳查，如果仍未發現越界建築，應自行承擔越界風險，而且因為土地所有權人也已經表達不願容忍建築物的興建，故自也未喪失請求拆除建築物的權利，故本題擬答以為，不論 C 是以何種理由表示異議，C 的異議有效❶❹。

結論：C 可以向 B 主張拆除陽臺。

⑵民法第 956 條及第 231 條

如上所述，B 必須承擔起建築師的重大過失，換言之，B 是惡意無權占有 C 的土地，而且因為 B 的無權建築陽臺，因而改變 C 土地上空空間的面貌，致使 C 因土地空間的毀損而無法使用其土地，故受有損害，因此 B 必須依民法第 956 條規定：「惡意占有人或無所有意思之占有人，就占有物之滅失或毀損，如係因可歸責於自己之事由所致者，對於回復請求人，負賠償之責」，對土地所有權人 C 負起因無法及時使用土地空間，以致延宕建築計畫所生的損害賠償責任。此外根據通說❶❺，無權占有人除必須負起民法第 956 條損害責任外，亦不排除尚必須根據債務不履行的給付遲延規定，對土地所有權人負起無法及時返還土地占有的賠償責任，因本題 B 負有拆除陽臺義務，且亦有重大過失而遲延未拆除，故只要 C 再為遲延催告（參照民法第 229 條第 2 項前段），即可以對之主張民法第 231 條第 1 項的遲延損害賠償❶❻。

結論：C 可以向 B 主張延宕建築計畫所生的遲延損害賠償。

---

❶❹　Gottwald, PdW Sachenrecht Fall 41.

❶❺　Jauernig, §990 Rdn. 6.

❶❻　BGHZ 2003, 3621。

2. B 在陽臺加蓋鋁窗

因為 B 陽臺建築非屬「可責性越界建築」，因此 C 必須容忍 B 的陽臺越界建築，但是也僅止於該陽臺建築本身而已，如果 B 在得知陽臺越界建築之後，又加蓋鋁窗，即是屬於「可責性越界建築」，C 並無容忍義務。雖然 B 可以對「非可責性越界建築陽臺」主張合法的使用，但是卻無權利可以透過陽臺的鋁窗增建，擴大使用所佔用土地的地下或是地上空間[17]，因此 B 對陽臺增設鋁窗，自是屬於可責性越界建築，無權占有 C 的土地空間，C 可以根據民法第 767 條第 1 項中段，請求除去。

結論：C 可以請求 B 必須拆除鋁窗。

3. 租地耕作部分

固然民法第 800-1 條已經增訂明列土地或建築物承租人，可以適用民法第 793 條的越界建築，但作者以為，仍必須加以限制適用，例如僅是承租土地農作（租地耕作），承租人在違反租賃耕作目的及範圍下違約建築，並越界他人土地，因其建築本就屬違反租賃使用目的而必須被拆除，故也就無民法第 793 條的適用才是。同樣地，僅是土地登記名義人而越界建築，除非得土地真正所有權人的事後同意，否則亦無民法第 793 條的適用[18]。同樣地，在我國普遍可見的違章建築，因屬違法而必須被拆除，故違章建築建造人亦無得主張民法第 793 條的「越界建築」適用。

結論：違約建築的耕地承租人無得主張越界建築適用。

---

[17] BGHZ 64, 273。

[18] Palandt/Bassenge, §912 Rdn. 5。

第二節　所有權人及占有人關係

例題 29　【機車贓物出租】——占有人的孳息返還責任

1. A 機車被 B 所盜，B 並將之贈與善意不知情的好友 C。但因 C 已經有汽車，所以將機車出租。A 得否向 C 主張租金的償還？
2. D 將自有的房屋出租，當個包租公；其後 D 將該屋出售並讓與登記給 E，改由 E 收取租金（參照民法第 425 條）。事後發現 D、E 之間的買賣及物權移轉契約皆無效。

🔖 說　明

物權編的「所有權人及占有人關係」是一極為複雜的章節，而問題首先就出現在民法第 958 條的「孳息返還責任」和不當得利的競合關係上。

📋 擬　答

1. A 可能可以向 C 主張租金返還的請求權基礎，考慮如下：

⑴民法第 958 條

根據民法第 958 條規定：「惡意占有人，負返還孳息之義務。其孳息如已消費，或因其過失而毀損，或怠於收取者，負償還其孳息價金之義務」，反之因為善意占有人根據民法第 952 條：「善意占有人於推定其為適法所有之權利範圍內，得為占有物之使用、收益」，故無須負返還孳息之義務，因此本題善意受贈機車的 C 似乎就無須根據物權法規定，返還所得機車租金孳息的義務。

⑵民法第 179 條及第 182 條第 1 項

至於機車所有權人 A 除根據物權法的「所有權人及占有人」規定外，是否尚得根據不當得利規定，請求無權占有人 C 返還所取得租金？根據最高法院 77 年臺上字第 1208 號判決意見[19]，民法第 952 條及第 958 條是不

當得利的特別規定，因此無權占有人 C 因此項使用所獲得之利益，對於所有人不負返還之義務，但最高法院 91 年臺上字第 1537 號判決❷卻認為兩者處於競合地位，而民法第 952 條構成善意占有人取得孳息利益的法律上原因，故無權占有人 C 不負返還孳息之義務，因此不論根據何者意見，善意之無權占有人 C 似乎都無須返還所得孳息利益。

⑶特殊考量

　　只是本題無權占有人 C 雖是善意占有，而根據民法第 952 及第 958 條立法意旨，固然其善意占有心態應受保護，而可以保有占有物的使用利益及孳息，但畢竟本題無權占有人 C 所得占有物，是經由無償行為受贈而取得，故其信賴保護應受限制才是，因此德國民法第 988 條特別規定，無償取得占有物孳息者，亦須負返還責任。對此本題擬答亦加以認同，而雖然我國民法物權編的「所有權人及占有人關係」並無相關類似規定，但由民法第 183 條的立法意旨，亦可以得出相同的結論。但必須強調的是，C 當然也可以主張「所得利益不存在」，例如為出租機車所支出的（電話）費用，而就該部分免除返還責任❷。

---

❿ 最高法院 77 年臺上字第 1208 號判決：「占有人於占有物上行使之權利，推定其適法有此權利。又善意占有人依推定其為適法所有之權利，得為占有物之使用及收益。分別為民法第九百四十三條、第九百五十二條所明定。是占有人因此項使用所獲得之利益，對於所有人不負返還之義務，此為不當得利之特別規定，不當得利規定於此無適用之餘地。不動產占有人於其完成物權取得時效並辦畢登記時，就時效進行期間之占有，亦應解為有上述規定之適用，方能貫徹法律保護善意占有人之意旨」。

❷ 最高法院 91 年臺上字第 1537 號判決：「租賃契約為債權契約，出租人不以租賃物所有人為限，出租人未經所有人同意，擅以自己名義出租租賃物，其租約並非無效，僅不得以之對抗所有人。至所有人得否依不當得利之法律關係，向承租人請求返還占有使用租賃物之利益，應視承租人是否善意而定，倘承租人為善意，依民法第九百五十二條規定，得為租賃物之使用及收益，其因此項占有使用所獲利益，對於所有人不負返還之義務，自無不當得利可言；倘承租人為惡意時，對於所有人言，其就租賃物並無使用收益權，即應依不當得利之規定，返還其所受利益」。

❷ 劉昭辰，《不當得利》，第 193 頁。

：A 可以向 C 主張所得租金的返還。

2. D 可能可以向 E 主張租金利益返還的請求權基礎，可以考慮如下：

(1)民法第 958 條

　　依民法第 958 條規定，僅惡意占有人負孳息返還責任，因此本題善意之 E 似乎無須根據「所有權人及占有人關係」返還所得租金孳息利益。

(2)民法第 179 條

　　雖然善意占有人 E 無須返還所得租金孳息利益，但卻不排除必須根據民法第 179 條及第 181 條不當得利規定，返還所得租金孳息利益，價值判斷上，似乎兩者有矛盾之處，因此學說採以下解決方法：

　　①民法第 179 條的「給付型不當得利」是民法第 958 條的特別規定❷

　　此說認為，如果買賣契約及物權契約皆無效，則 D、E 間既能主張物權法返還關係，也能主張「給付型不當得利」返還關係，而如果僅是買賣契約無效，則 E、F 間就只能主張「給付型不當得利」返還關係。但學說以為，僅以物權契約有效、無效與否，而有不同的法律效果，價值判斷上實欠缺實質理由，因此有必要統一兩者效果，故應一概以「給付型不當得利」處理 D、E 間的租金孳息返還關係才是。

　　②競合說❷

　　根據此說，民法第 958 條和民法第 179 條的不當得利，處於相互競合關係，當事人可以擇一行使，因此本題 D 可以選擇「給付型不當得利」向 E 主張租金孳息利益的返還。

　：不論採上述何種學說，D 都可以向 E 主張租金利益返還。

❷　參閱最高法院 77 年臺上字第 1208 號判決及德國學說：Reuter/Martinek, *Ungerechtfertigte Bereicherung*, S. 681；Schwab/Prütting, Sachenrecht §48 VIII 5；另參閱劉昭辰，《不當得利》，第 222 頁。

❷　參閱最高法院 91 年臺上字第 1537 號判決及德國學說：Medicus, BürgR Rdn. 600；我國如王澤鑑教授（《民法物權》，第 653 頁）及謝在全教授（《民法物權論（下）》，第 567 頁）也都採競合說。

例題 30　【錯誤兌現支票的銀行】──占有人的損害賠償責任 (一)

A 是專門經營穀物進出口的公司，為繳納本年度營業稅滯納金三萬元，公司 A 遂開立一張以國稅局為受款人的平行線支票（參照票據法第 139 條），並以掛號寄出。但不知為何原因，該支票卻落入 B 手中，而 B 即持該支票存入其在銀行 C 開立的帳戶，銀行職員未察覺支票的受款人和匯入帳戶不符，而完成支票存入手續，因此 B 立即提領而不知去處。待公司 A 發現後，欲向銀行 C 主張損害賠償，有無可能？❷❹

說　明

銀行對非票據所有人為付款的風險及法律問題，素來為實務上的重要問題。以本例題為例，票據所有人 A 主張誤為付款的銀行 C 必須負起損害賠償責任，而可能的請求權基礎即是民法物權編的「所有權人及占有人關係」的相關規定，對於物權學習者而言，必會大感驚訝，以下即加以解答。

擬　答

A 可能可以因為銀行 C 無法返還支票，而受有損害，故向銀行 C 主張損害賠償的請求權基礎，可以考慮的是民法第 956 條：「惡意占有人或無所有意思之占有人，就占有物之滅失或毀損，如係因可歸責於自己之事由所致者，對於回復請求人，負賠償之責」。要件檢查如下：

1.支票是一動產

支票權利雖是一債權，但因其所欲表彰的債權，已經經由票據形式而「動產化」，故自應肯定支票權利也應如同動產般被對待，故本例題考慮銀行 C 的民法第 956 條責任，自有其正當性。

2. A 是支票所有人

(1)既然支票是一動產，則其讓與移轉及遺失的風險，自可以適用動產

---

❷❹　本題取材自德國最高法院判決：BGH NJW 1989, 3012。

的相關規定，因此本題 A 將支票以掛號方式寄給債權人國稅局，在國稅局尚未取得支票的占有前，即被 B 取走，國稅局自也尚未取得支票的所有權（參照民法第 761 條第 1 項），因此 A 仍是支票所有人。而因為債權人國稅局仍尚未取得支票債權及兌現，因此 A 所積欠的營業稅也就尚未繳清，仍必須就稅法債務再對國稅局繳納（參閱民法第 320 條）。

(2)問題是，銀行 C 由非支票所有人 B 處接受支票的交付占有，可否主張票據法第 14 條第 1 項的善意取得，因而就無須負起民法第 956 條的賠償責任？只是執票人 B 將平行線支票交付銀行 C，根據票據法第 139 條第 3 項規定觀之，應只是委託代為取款而已，而不是有意移轉支票所有權給銀行 C❷❺，因此尚難認定銀行 C 存在有可以主張善意取得支票所有權的可能。

3.銀行 C 是支票的惡意無權占有人

因為支票所有人仍是 A，故銀行 C 為無權占有人，則 C 是否必須對 A 負起民法第 956 條的無法返還支票的損害賠償責任，取決於銀行 C 是否是惡意占有人？

(1)本例題的票據是一平行線支票，根據票據法第 139 條第 2 項規定：「劃平行線支票之執票人，如非金融業者，應將該項支票存入其在金融業者之帳戶，委託其代為取款」，而明顯地 B 所要存入的帳戶，並非是支票的受款人「國稅局」，因此銀行應該可以察覺執票人 B 並非是該張支票的所有人才是，如未能察覺，不排除自有過失，而應負起惡意占有人之責才是。只是德國最高法院❷❻卻以為，銀行的票據處理屬於大規模交易行為，故不應課以銀行過度的查證注意義務，否則即無法順利快速處理大規模的票據行為，因此除非在有其他特殊情況之下，否則銀行只須檢查票據有無簽名，票據是否偽造，就算完成其注意義務，而非惡意。

(2)上述德國最高法院意見，本題擬答則持遲疑態度。固然銀行處理日常支票事務，是一大宗事務，而且事實上確實也不排除常見受款人會基於

❷❺　BGHZ 5, 292。

❷❻　BGH NJW 1989, 3012.

各種理由，而不願將支票存入自己的帳戶，而是存入他人帳戶（例如配偶帳戶），以避免該款項被債權人強制執行扣押，況且本例題的支票金額也並不大，故德國最高法院未賦予銀行有特別的注意義務。但以今日電腦的普及化程度，只要銀行職員一輸入支票存入帳號，即會顯示帳戶所有人姓名，若謂銀行職員仍無法輕易立即察覺支票存入帳戶和支票受款人不符，實不合理[27]。而且本題的受款人是國稅局政府機關，但卻是私人持該支票存入私人帳戶，銀行職員更能輕易察覺不尋常，而應加以查詢才是。基於上述種種理由，本題擬答以為，本題事實應存在有「特殊情況」，而要求銀行必須察覺支票的執票人是支票的無權占有人，而銀行自己則是無權受領支票的交付。如果銀行未能察覺，自是有重大過失，而為支票的惡意占有人。

結論：A 可以對銀行 C 主張無法返還支票的損害賠償責任。

題後說明

平行線支票付款人僅得對金融業者支付票據金額（參照票據法第 139 條第 1 項），劃平行線支票之執票人，如非金融業者，應將該項支票存入其在金融業者之帳戶，委託其代為取款（參照票據法第 139 條第 3 項）。平行線支票目的是在保護發票人（付款人），可以透過支票存入帳戶，追蹤支票是否被正確給付，因此如果平行線支票執票人，之前未曾在金融機構開立帳戶，而是為領取支票給付才特地開立新帳戶，並立即領取時，銀行就更應負有注意義務，檢查支票受款人和支票存入帳戶是否為同一人[28]。

---

[27] 銀行必須承擔職員占有輔助人的惡意占有意思，參閱例題 4【誤拿手機】。

[28] Staudinger/Gursky, §990 Rdn. 47.

例題 31 【重機車好手】──占有人的損害賠償責任(二)

A 偷竊 B 所有的重型機車一部，出售給不知情的 C，並交付之。C 在騎乘重型機車途中，因一般過失而致機車引擎受損。因為其好友 D 愛好機車，又是經營機車修理廠，C 就將機車委由 D 代為試騎檢修，因為是多年好友，所以 D 並不收修理費用。D 在試騎過程中，因一般抽象輕過失發生車禍，致使機車烤漆受損。

1. 事後車主 B 透過警察協尋，在 D 處找到機車，並要 C、D 賠償，有無道理？

2. 如果該重型機車是 D 的受僱技工 E 的重大過失所毀損，又該如何處理？

說 明

　　無權占有人若因其過失而致使占有物受損，必須對物之所有權人負起賠償責任，民法第 953 條及第 956 條訂有明文。因過失致他人所有物受有損害，行為人必須負起損害賠償責任，似乎是自明之理，但民法第 953 條及第 956 條的適用，卻有異於一般侵權行為損害賠償責任原理，解題者宜仔細思考。

擬 答

1.重機車所有權人 B 的求償主張

(1)對 C 的求償

　　①民法第 956 條

　　因為 C 由 A 處受讓被偷竊的重型機車，故即使 C 是善意，亦無法根據民法第 801 條及第 948 條善意取得機車所有權（參照民法第 949 條）。但 C 卻可以主張自己對重型機車是善意自主占有人，故無須對自己過失所引起的重型機車引擎毀損，根據民法第 956 條負起損害賠償責任。

　　②民法第 953 條

　　但善意自主占有人 C 是否必須根據民法第 953 條，對重型機車所有權人 B 負起損害賠償責任？則不無疑問。民法第 953 條規定：「善意占有人就占有物之滅失或毀損，如係因可歸責於自己之事由所致者，對於回復請求人僅以滅失或毀損所受之利益為限，負賠償之責」，此一規定是否合理，值得斟酌，因為既然善意自主占有人相信自己是占有物的所有權人，故就有必要將之與民法第 956 條的惡意占有人責任區別，而特別對其善意相信心態加以保護，故自不宜再加諸善意自主占有人任何須對於占有物滅失或是毀損的損害賠償責任才是。因為任何善意自主占有人，基於相信自己是所有權人之故，自然也可以信賴自己可以對占有物為任何一般正常使用行為，例如本例題 C 的騎乘行為。因此基於保護善意自主占有人的立法原理，當然本例題的善意自主占有人 C 也不須對自己的一般正常使用騎乘重型機車行為，負任何的損害賠償責任才是❷⁹，否則今後的任何善意自主占有人，將不敢再信賴自己的善意正常使用占有物。況且討論民法第 953 條的「可歸責於自己之事由」構成要件，也必須注意占有人的善意占有心態，凡是善意相信自己事物之所有權人的占有人，因正常使用占有物，導致占有物滅失或是毀損的行為，例如本題 C 的騎乘重型機車行為，因其過失而致重型機車引擎毀損，當然也都可被認定係基於此善意所為之不可歸責行為，自也無所謂「可歸責」毀損他人重型機車可言，因此民法第 953 條的規定，本題擬答以為終究只是具文。

結論：C 無須對重型機車之引擎受損，對所有權人 B 負起損害賠償責任。

(2)對 D 的求償

　　因為 D 善意不知該重型機車是偷竊取得，故亦屬善意（他主）占有人，因此不排除必須根據民法第 956 條對重機車所有權人 B，負起損害賠償責任。雖然一如上述意見，本題擬答立場始終以為，善意占有人基於對

---

❷⁹　例如德國民法僅規範有對惡意及善意他主占有人的損害賠償責任，對於善意自主占有人即無任何損害賠償規定，參閱劉昭辰，《占有》，第 99 頁以下。

自己善意占有的信賴，因此無須對自己的一般正常使用行為，導致占有物的毀損、滅失，負起損害賠償責任，只是如此的善意保護卻不適用於「他主占有人」，因為既然「他主占有人」明知物非其所有，自當也應負有謹慎看管占有之義務，如有可歸責自己事由，而致占有物滅失或是毀損，也應負損害賠償責任，例如本題的善意他主占有人 D，自也應對受託修理的重型機車負起注意義務，如因過失將重型機車毀損，不論重型機車所有權人是誰，都必須對自己的過失行為負起損害賠償責任才是。

　　只是因為本題的 D 是無償受託修理重型機車，基於委任契約的無償性，自然受任人 D 的注意義務亦應被適當減輕，故根據民法第 535 條規定，D 僅須就抽象具體輕過失負責（與處理自己事務為同一之注意），而本題因為 D 是基於一般輕過失而致重型機車烤漆毀損，因此其並無須對此負損害賠償責任。

結論：D 無須對重型機車烤漆受損，對所有權人 B 負起損害賠償責任。

2.無權占有人 D 必須承擔受僱技工 E 的重大過失責任

⑴民法第 188 條第 1 項

　　D 本須對其受僱技工 E 的侵權行為負起民法第 188 條第 1 項責任，但不排除 D 可以主張其已盡必要的選任及監督注意義務，因此不須就其受僱技工 E 的行為，對重型機車所有權人 B 負起賠償責任。

⑵民法第 224 條

　　有問題的是，因為在無權占有人 D 和重型機車所有權人 B 之間，欠缺債之關係存在，所以是否 D 必須就其受僱技工 E 的重大過失，根據民法第 224 條對 B 負起損害賠償責任，就不無疑問。只是通說❸以為，本例題在 C、D 間存在有無償委任契約（參照民法第 528 條），因此 D 的受僱技工 E 就是 D 對 C 委任契約債之關係的履行輔助人，因此 D 必須根據民法第 224 條，就其受僱技工 E 的重大過失行為對 C 負責，因此 D 也必須就該行為對重型機車所有權人 B 負責，不會因為 D 和重型機車所有權人 B 之間欠缺

---

❸　Palandt/Bassenge, §991 Rdn. 2.

債之關係，就無須負起民法第 224 條之責任，否則因為 D 對 B 是無權占有重型機車，但卻反而無須為其受僱技工的重大過失行為，向重型機車所有權人 B 負起責任，價值判斷上，豈不有所矛盾！

結論：D 必須對其受僱技工 E 的重大過失毀損重型機車行為，對 B 負起損害賠償責任。

例題 32 　【店員賣黃金】──占有人的損害賠償責任㈢

　　A 申請到美國大學就讀，出國前將貴重的黃金飾品交經營金飾店的 B 保管。但 B 的店員 C 卻因重大過失不知此事，以為該黃金飾品是 B 所有，遂將飾品以一般金飾商品出售。近來因金價高漲，A 在國外以電話向 B 探詢，才知黃金飾品已經被賣掉，因是好友，且自己學業尚未完成，A 雖不高興，但亦不發一語。待三年後，A 學成歸國，有鑒於金價仍舊居高不下，欲向 B 主張賠償，是否有理？

說　明

　　民法第 945 條第 1 項規定：「占有依其所由發生之事實之性質，無所有之意思者，其占有人對於使其占有之人表示所有之意思時起，為以所有之意思而占有。其因新事實變為以所有之意思占有者，亦同」，本例題嘗試練習該條文對於無權占有人的法律責任，會產生如何的影響。

擬　答

1. A 可能可以根據民法第 226 條，向 B 請求損害賠償

　　A、B 間成立民法第 589 條的無償寄託契約。但因 B 的受僱人 C 的重大過失，而致 B 無法返還寄託的金飾，構成給付不能，B 必須對此負起損害賠償責任（參照民法第 224 條）。

2. A 可能可以根據民法第 188 條第 1 項向 B 請求損害賠償

　　因為 C 是 B 的受僱人，而因其重大過失致使 A 的金飾所有權遭侵害，故不排除 A 可以根據民法第 188 條第 1 項向 B 請求損害賠償。只是因為 A 雖明知此事，但卻直到三年後才向 B 主張，根據民法第 197 條第 1 項，其請求權已罹於時效。

3. A 可能可以根據民法第 958 條，向 B 主張損害賠償

　　本題 B 基於和 A 之間的寄託契約而占有黃金飾品，本屬於有權他主占有，因此似乎就無民法第 958 條的適用。但本題卻是 B 的占有輔助人將黃

金飾品出售，明顯地其占有輔助人 C 是以「自主占有」意思而處分黃金飾品，因此似乎黃金飾品的占有本人 B 就必須接受占有主觀意思的變更，而成為「無權自主占有人」，而且因為占有輔助人 C 的重大過失，而無權處分黃金飾品，因此占有本人 B 也必須承受該惡意[31]，而成為「惡意無權占有人」，因此似乎不排除 B 必須根據民法第 958 條向 A 為損害賠償：

(1)否定說

此說[32]認為，物權法上「無權占有人」的「善、惡意」認定，應以占有人取得占有時為準，因此應認為占有人 B 自始至終都是「有權且是善意占有人」，而僅是占有主觀意思的變動，尚不足認定是取得新的占有事實。換言之，B 的占有事實一直未曾改變，不能僅是因為 B 占有主觀改變，就認為 B 取得新占有事實，而由「善意、有權占有人」改為「惡意、無權占有人」。因此本題 B 並非是民法第 958 條的「惡意無權占有人」，故無須負起民法第 958 條的損害賠償責任。總之，依該學說意見，有權占有人 B 占有期間的主觀占有意思改變，而致使占有物無法返還，應負的是契約或是侵權行為責任（例如侵占），而非是民法物權編的第 958 條「無權占有人」責任。

(2)肯定說

但另一說[33]卻認為，因為占有本人 B 已經由「有權他主占有」改為「無權自主占有」，而有鑒於「他主占有」及「自主占有」法律性質上截然不同，因此應將 B 的「自主占有」視為是新的占有事實取得，依此即有民法第 958 條的適用餘地。

(3)解題意見

對此爭議，本題從後說見解，而認為主觀占有心態的變動即是一新的占有事實取得，例如惡意無權自主占有人（小偷）如果事後和所有權人訂立租賃契約（簡易交付），但租賃契約卻是無效，則占有人也僅須就善意無

---

[31] 占有本人承受占有輔助人的占有惡意，參閱例題 4【誤拿手機】。

[32] Palandt/Bassenge, vor §987 Rdn. 9.

[33] BGHZ 31, 129.

權他主占有人負責即可，但如果根據否定說，則豈非當事人間的法律關係仍停留在最初的「惡意」無權占有狀況？自不合理。但不論如何，本例題因為我國民法第 945 條第 1 項規定而無爭議：「占有依其所由發生之事實之性質，無所有之意思者，其占有人對於使其占有之人表示所有之意思時起，為以所有之意思而占有。其因新事實變為以所有之意思占有者，亦同」，依該條規定，占有人的占有意思改變，尚必須向使之占有之人為表示，始足當之，因此本題因為他主占有人 B 並未向所有權人 A 表示改變為自主占有的意思，因此法律上仍將之視為「有權他主占有人」，故也就無民法第 958 條的適用。

結論：A 僅得根據債務不履行規定，向 B 主張損害賠償。

題後說明

由本例題可知，民法第 945 條已經違反占有僅是一事實的法律概念。正因為占有僅是一事實，因此究竟占有人的占有地位是何種占有類型：自主占有抑或他主占有、善意占有或是惡意占有，應完全取決於占有人外觀上的占有表現及主觀上的心態決定才是；至於占有人 B 有無通知原物所有權人，就占有的事實本質來說，其實在所不問。以本例題為例，因為占有輔助人 C 過失不查而無權處分占有物，應即可以認定 B 的占有地位，已由「他主占有」改為「自主占有」，民法第 945 條不無有再修正的討論空間。

例題 33 【保全公司不保全】——占有人的損害賠償責任㈣

某 A 科技公司將所生產的晶片，委由 B 保全公司代為運送給客戶。B 保全公司的 C 董事因生歹念，遂自導自演向 A 科技公司回報被搶，但私底下卻將該批晶片出售給第三人，因而 B 保全公司獲利頗豐。十一年後，A 科技公司得知此事。

1. A 科技公司如何向 B 保全公司主張？
2. A 科技公司如何向 C 董事主張？
3. 如果一部分晶片在案發後立即輾轉在國外被尋獲，但 A 科技公司必須支出極高的運費，始能取回該部分晶片，該運費可否向 B 保全公司請求？

說 明

本例題是練習民法第 956 條系列的最後一題，綜合測試解題者的民法觀念。

擬 答

1. A 科技公司可能可以向 B 保全公司主張如下：

⑴請求所得獲利的返還

A 科技公司可能可以對 B 保全公司主張民法第 179 條的不當得利，請求返還其因處分晶片所得的獲利。因為 B 保全公司所得的獲利，是因處分晶片所得，因此學說❸有認為，如果 B 保全公司處分晶片行為有效，則因而所得的獲利，在法律理論上就是原晶片的「替代」（代位物），則原本 A 科技公司應是向第三人主張民法第 767 條第 1 項前段晶片所有權的返還，就可以改向 B 保全公司主張民法第 179 條晶片的「替代」不當得利返還，即 B 公司所得獲利的返還，而且是全部價金獲利的返還，並無「利益大於

---

❸ 王澤鑑，《不當得利》，第 179 頁；並參閱例題 9【高中生買機車】。反對意見，Larenz, SchR II, S. 563。

損害，以損害為準」的公式適用。因此可以建議 A 科技公司，根據民法第
118 條第 1 項及第 115、第 116 條，承認 B 保全公司所為的晶片無權處分
行為，故而使 B 保全公司所得獲利成為晶片所有權的「替代」，並對之主
張不當得利返還。此外，A 科技公司也可以對 B 保全公司主張民法第 177
條第 2 項不法管理所得，而和民法第 179 條形成競合關係❸。

⑵請求所失利益的損害賠償

　①民法第 958 條

　A 科技公司可能根據民法第 958 條，向 B 保全公司主張晶片無法返還
的損害賠償❸。而且因為公司法人的占有是透過代表權人而占有，因此本
題 B 公司因 C 董事侵占晶片故為惡意自主占有，自無疑義，有問題的是，
B 公司的 C 董事一開始是基於「運送契約」而「善意有權他主占有」晶
片，在有權占有期間始改為「惡意無權自主占有」，是否會影響民法第 958
條的「惡意無權占有」判斷❸？學說非常有爭議，但基於民法第 945 條規
定，因為 B 保全公司未曾向 A 科技公司表示要由「他主占有」改為「自主
占有」，因此本題擬答認為 B 保全公司應自始至終為「有權他主占有」而
未曾改變該事實，因此終究無須負起民法第 958 條的損害賠償責任❸。

　②債務不履行及侵權行為

　無疑問的是，A 科技公司可以根據「運送契約」的不完全給付（民法
第 227 條第 1 項）及侵權行為，向 B 保全公司主張損害賠償。必須注意的
是，A 科技公司的侵權行為損害賠償責任，卻因自侵權行為發生後十一年
經過而罹於時效（參照民法第 197 條）。

---

❸　Palandt/Sprau, §816 Rdn. 5。

❸　因為 B 保全公司已經必須返還晶片的「替代」，即無權處分價金所得，所以 A 科
　技公司無得再主張晶片本身的損害賠償，但卻可以再主張因無法交貨所生的所失
　利益賠償（參照民法第 216 條第 1 項），兩者處於聚合關係。

❸　參閱例題 32【店員賣黃金】。

❸　由此可見，民法第 945 條有時反而會有利於無權占有人，凸顯立法的不當；參閱
　例題 32【店員賣黃金】。

：A 科技公司可以向 B 保全公司主張所得獲利的返還及所失利益的損害賠償責任。

2. A 科技公司可能可以對 C 董事主張損害賠償責任

⑴民法第 958 條

法人的占有必須透過董事始能為之，因此董事因職務而對標的物為事實上的管領，法律上的唯一占有人僅是公司法人而已，董事並非是（共同）占有人，因此本題 C 董事也就無須負起民法第 958 條的損害賠償責任。

⑵民法第 184 條第 1 項前段、後段及第 2 項

雖然本題 C 董事不是晶片的占有人，但卻必須負起侵占並無權處分晶片的侵權行為損害賠償責任。只是不同於民法第 958 條的十五年消滅時效，侵權行為損害賠償請求權的消滅時效，根據民法第 197 條卻會在自侵權行為起後十年而罹於時效。故本題終究 C 董事可以主張時效消滅，而無須對 A 科技公司負起侵權行為損害賠償責任。

結論：C 董事無須對 A 科技公司負起損害賠償責任。

3. A 科技公司可能可以類推適用民法第 958 條,向 B 保全公司主張運費損害賠償

本題 A 科技公司當然也可以無須承認 B 保全公司對晶片的無權處分行為，而根據民法第 949 條第 1 項及第 950 條，向第三人請求返還晶片。只是運費部分，可否類推適用民法第 958 條向無權占有人 B 請求賠償？不無爭議。通說❸認為，無權占有人應負將占有物返還回惡意占有發生時之處所，依此則 B 保全公司就應負起晶片運回臺灣的費用，故 A 科技公司可以類推適用民法第 958 條請求該運費的損害賠償。

結論：A 科技公司可以向 B 保全公司請求運費的損害賠償。

---

❸ BGHZ 79, 211; MünchKomm/Medicus, §985 Rdn. 22.；惟少數說認為，無權占有人只須負責就占有物的所在地，原地返還占有物即可。

例題 34　【手機招領】──占有人的費用償還請求權㈠

　　A 因為百貨公司週年慶，而前往逛街。誰知不留意，A 遺失其手機，而為顧客 B 所拾獲。因 B 見 A 在手機內的照片美貌，頗為心動，想趁此機會追求，遂租用銀行保險箱暫時放置手機。不久 A 打手機電話聯絡上 B，B 詢問 A 的臉書資料未果惱羞成怒，轉而要 A 支付保險箱租金，A 覺得不可思議，因為普通手機並不值得租用保險箱保存。誰有道理？

說　明

　　民法物權編「所有權人及占有人關係」的占有人費用支出返還請求權，最有名的爭議問題就屬惡意占有人的有益費用不當得利返還請求權，本例題即涵蓋此一爭議問題而設計。

擬　答

　　B 可以向 A 請求保險箱租賃費用償還的可能請求權基礎，考慮如下：

1. 民法第 176 條第 1 項的正當無因管理

　　B 可能可以對 A 主張正當無因管理費用支出的償還，但是因為 A 認為一般手機不值得租用保險箱，故 B 的管理行為並不符合 A 的意思，故終究不構成民法第 176 條第 1 項的「正當無因管理」。

2. 民法第 957 條

　　民法第 957 條規定：「惡意占有人，因保存占有物所支出之必要費用，對於回復請求人，得依關於無因管理之規定，請求償還」。只是本題的租用保險箱費用，固然是為保存手機所支出的費用，但是否「必要」卻不無疑問，特別是僅為保管一支一般手機就租用保險箱，似不合常情，因此本題擬答以為，此處的保險箱費用尚不構成民法第 957 條的「必要費用」。

3. 民法第 955 條

⑴「有益費用」概念

　　本題 B 所支出的保險箱租賃費用，固然不屬對手機的「必要費用」，

但是否屬於民法第 955 條的「有益費用」，又不無疑問，民法第 955 條規定：「善意占有人，因改良占有物所支出之有益費用，於其占有物現存之增加價值限度內，得向回復請求人，請求償還」，條文似乎僅以「因改良占有物所支出」之費用，始能請求償還，對於「奢侈性」的有益費用，通說認為占有人無得請求償還❹，本題 B 似乎無得主張保險箱租賃費用的償還。

只是本題擬答以為，通說意見並未能顧及善意占有人的信賴保護。因為如果占有人是善意占有，則其基於對於有權占有的信賴，故支出必要費用以外的「奢侈性」費用，例如本題的保險箱費用，但卻不能請求償還，勢將置善意占有人的信賴保護於不顧，而有害交易安全，況且根據民法第 955 條，善意占有人所得請求費用償還，僅以「占有物現存之增加價值限度內」為限，因此即使擴大條文「有益費用」的範圍，其實也不會對所有權人造成不利益。準此以言，本題擬答認為可以參照德國民法第 996 條，而以「必要費用以外的費用」作為民法第 955 條的「有益費用」概念，否則善意占有人的信賴將不受保護，並不合理。

⑵善意無權占有人

民法第 955 條以善意無權占有人為前提。就本題而言，是否 B 是善意占有人，不無疑問，因為固然 B 是遺失物的拾得人，但根據民法第 803 條第 1 項規定：「拾得遺失物者應從速通知遺失人、所有人、其他有受領權之人或報告警察、自治機關。報告時，應將其物一併交存。但於機關、學校、團體或其他公共場所拾得者，亦得報告於各該場所之管理機關、團體或其負責人、管理人，並將其物交存」，因此 B 本應立即將手機交付百貨公司，但 B 卻未為之，故是無權占有；而且在百貨公司拾得遺失物，交付百貨公司招領，屬於一般常識，因此也可以認定 B 明知自己無權可以占有手機，故為惡意占有人，而非善意占有人，因此終究 B 無得對 A 主張民法第 955 條的「有益費用償還」。

4.民法第 179 條的不當得利

如果 B 因是惡意占有人，無得主張民法第 955 條的「有益費用償還」，

---

❹　史尚寬，《物權法論》，第 528 頁；鄭玉波、黃宗樂，《民法物權》，第 437 頁。

有爭議的是，惡意占有人 B 可否根據民法第 179 條對 A 主張保險箱費用支出節省的不當得利？對此意見相當分歧：

(1)否定說[41]

否定說認為惡意占有人應負擔自己的費用支出損失，而法律明文並未規範惡意占有人的有益費用請求權，即是意在懲罰惡意占有人，並用以保護所有權人利益，故而應否定惡意無權占有人的不當得利請求權。

(2)肯定說[42]

肯定說卻認為，惡意無權占有人的有益費用支出，可以適用（耗費型）不當得利規定。本題擬答亦認同之，因為吾人可以假設有惡意第三人未占有標的物而對標的物為有益費用之支出（例如幫鄰居花園施肥），因無民法物權編的「所有權人及占有人關係」適用，則該惡意第三人即可對標的物所有權人主張耗費型不當得利，但何以如果該惡意第三人只是因（無權）占有標的物，就會因為民法物權編第 955 條欠缺相關規定，而無得對標的物所有權人主張不當得利？僅是以「占有」標的物之有、無，決定有益費用償還責任，就法律價值判斷上，難以說明[43]。

按本題擬答意見，固然不排除惡意無權占有人 B 可以對 A 主張保險箱費用支出的不當得利償還，但是 A 也可以主張一般手機並不值得租用保險箱保管，只要存放在適當安全處所即可，自己根本無意會對一般手機支出保險箱的保管費用，當然也就無整體財產費用節省可言，故可以根據民法第 182 條第 1 項，主張保險箱保管「所得利益不存在」，而免負償還責任。

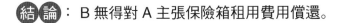：B 無得對 A 主張保險箱租用費用償還。

---

[41] 謝在全，《民法物權論（下）》，第 582 頁；另德國最高法院 (BGHZ 41, 157) 亦採否定見解。

[42] 最高法院 61 年臺上字第 1004 號判決；德國學者如 Medicus (BürgR Rdn. 897) 亦採肯定說。

[43] 劉昭辰，《不當得利》，第 225 頁。

例題 35 【妻子的律師事務所】——占有人的費用償還請求權 (二)

　　A 在婚姻關係中，見妻子 B 除辛勤操持家務外，又執業律師，頗不忍心，遂以自己所有房屋供 B 作為律師事務所之用，以減輕 B 的執業壓力。而 B 為擴充業務所需，遂對房屋做大規模的整修及裝潢。

　　不久，A 因經商失敗，遂將房屋讓與 C。房屋新所有權人 C 向 B 主張收回房屋自用，並要求 B 必須拆除裝潢，回復原狀。而 B 一方面主張 C 無權要求其搬離，另方面主張 C 必須償還其所支出的裝潢費用，否則拒絕搬離。是否有理？

說　明

　　本題是「所有權人及占有人關係」系列的最後一道例題，整合債法的「買賣不破租賃」及親屬法的「有償給與」問題，是典型驗收學習者民法能力的試題。

擬　答

1. C 請求 B 必須搬離的請求權基礎，可能是民法第 767 條第 1 項前段

　　惟其前提必須 B 相對於 C 是無權占有，但問題是，B 得否主張 A 當初所應允的使用房屋約定，對 C 繼續發生效力，故 B 對房屋新所有權人 C 而言，仍是有權而並非是無權占有？可以考慮的是民法第 425 條的「買賣（所有權讓與）不破租賃」規定。

　　⑴民法第 425 條的「買賣（所有權讓與）不破租賃」，依無爭議的見解❹，並不適用於無償契約。換言之，如果當初 A 所應允 B 可以繼續使用房屋的約定，其性質是一無償使用約定，則 B 就不得以該無償契約，類推適用民法第 425 條對抗 C。而本例題，A 夫在婚姻期間同意 B 妻使用房

---

❹　參閱最高法院 59 年臺上字第 2490 號判例；王澤鑑，《民法學說與判例研究㈦》，第 91 頁。

屋，以供律師執業使用，該約定性質究竟是有償抑或無償使用契約？

①有償說[45]

此說認為，如果配偶將房屋提供另一方使用（或是將房屋所有權讓與移轉），是基於對另一方的辛勤持家的肯定，則配偶提供房屋給另一方使用，就是對於另一方辛勤持家給與適當的對價，因此所為的使用約定就是一種有償契約，故本例題 A 夫提供房屋之目的是要 B 妻在辛勞操持家務外，不再尚有過多的執業壓力，故是對於 B 妻辛勤持家所給與的肯定及對價，因此是一有償使用契約約定，而不是單純一般的無償使用借貸契約。

②否定說[46]

此說則根本否定在婚姻關係中，配偶間可以以「感謝另一方對家務操持之貢獻」為代價而成立有償契約，否則這就是在配偶之間成立「僱傭契約」，而損及婚姻生活共同體的非財產性質。

③解題意見

對此爭議，本題擬答採肯定說，因為契約有償、無償與否，純出於契約雙方當事人的主觀認知，任何事項，包括配偶間的家務勞動，都可以成為給與的對價，而成立有償契約。至於否定說認為，如此就是在配偶間成立「僱傭契約」，而有違婚姻生活的非財產性質，則是忽略一方配偶家事勞動對家庭扶養的貢獻，和另一方配偶以金錢扶養家庭的貢獻，兩者之間在法律的價值判斷上，實具有同等價值，民法第 1003–1 條第 1 項即明文賦予「家事勞動」具有等同「金錢扶養」的財產價值性質；再則一般父親無償給與女兒汽車，當作生日禮物，確實是民法第 406 條的「贈與契約」，但如果父親是基於女兒即將出嫁，故給與汽車一部，雖然也是一種「無償給與」，但因有身分法上的意義考量，故就不能再以一般財產法的「贈與契約」加以看待，當然也就不能再適用民法第 406 條以下的效果[47]，而是應

[45] 戴東雄，〈民法親屬編修正後法律解釋之基本問題〉，《法學叢刊》，第 137 期，第 65 頁。

[46] 林秀雄，〈夫妻間之贈與〉，《台灣本土法學雜誌》，第 32 期，第 157 頁；許澍林，《最高法院有關男女平權之民事判決之研究》，第 65 頁。

認為雙方當事人所成立的是身分法上自有的「嫁妝契約」，典型例如民法第1173條的「歸扣」，只限於身分法上的「無償嫁妝給與」，而不及於一般財產法上的「無償贈與」，兩者必須嚴格區別。因此如果配偶基於另一方的辛勤持家，故而給與一定財產，則成立的是身分法上的自有的有償契約類型(sui generis)，當然就不是一般民事財產法上的「僱傭契約」，更無所謂會損及婚姻生活非財產性質之理，身分法學者有必要將兩者嚴格區別。

　　(2)問題是，即使肯定夫妻間以家事勞動為代價所成立的契約，是一有償契約，但德國最高法院❹認為，該種契約卻仍無「買賣（所有權讓與）不破租賃」的適用，因為「買賣不破租賃」目的是要保護社會經濟弱勢者，但卻無意要保護因身分行為所生的使用關係。對此，本題擬答採不同意見，因為民法第425條的「買賣不破租賃」目的並不是在保護社會弱勢，此可由大企業所訂立的承租契約，亦有「買賣不破租賃」的適用，輕易可知。民法第425條的「買賣不破租賃」其目的真正是要確保所有租賃關係的穩定性，而不致使承租人必須終日人心惶惶，隨時擔心必須搬離現有房屋，在此立法目的的認知下，則本例題夫妻間的「有償契約使用」，也應該有民法第425條的適用才是❹。但不論如何，如果根據德國最高法院意見，則B妻不得對C根據民法第425條主張有權占有房屋，故必須搬離。

結論：C可以請求B必須搬離。

2. B向C主張房屋裝潢費用償還的可能請求權基礎，可以考慮民法第955條：「善意占有人，因改良占有物所支出之有益費用，於其占有物現存之增加價值限度內，得向回復請求人，請求償還」

　　(1)本例題B所支出的裝潢費用是一「有益費用」，且對房屋占有物仍有增加價值，自無疑義。而且B在一開始占有房屋及裝潢時，即是相信自

---

❹　例如嫁妝契約並無民法第408條第1項的適用，而不能任意撤銷。

❹　BGH WM 64, 252, 253.

❹　相同意見：Canaris, Die Verdinglichung obligatorischer Rechte, FS für Flume zum 70. Geburtstag, S. 394。

己是有權占有，故是善意占有人，因此民法第 955 條構成要件似乎成就。

(2)只是如果房屋占有人 B 在支出裝潢有益費用時，對於當時房屋原所有權人，並無任何的裝潢費用求償根據時，則當房屋所有權發生變動，房屋占有人 B 的地位，也不應有所改變，不會因此就可以對房屋新所有權人主張裝潢費用的償還才是。因此對於占有物所有權發生變動時，民法第 955 條應有限縮適用才是，因此本題應認為 B 不得對房屋新所有權人 C，主張裝潢有益費用的償還。

結論：B 不能對 C 主張必須償還裝潢費用。

題後說明

1.本題要強調的法律原則是：「無權占有人的占有地位，不會因為占有物所有權變動，而發生影響」，故占有人 B 無得對 C 主張其裝潢費用支出的償還。但如果 A、B 間事先已經有所協議，即使僅是一個債權性質的協議，約定 A 在收回房屋後，必須對 B 所支出的裝潢費用有所補償，則 B 就有理由主張房屋新所有權人 C 必須根據民法第 955 條，償還裝潢費用，當然 C 也可以根據不當得利法理，主張強迫得利，而拒絕返還有益費用❺⓿。

2.民法第 431 條第 1 項的不當規定：「承租人就租賃物支出有益費用，因而增加該物之價值者，如出租人知其情事而不為反對之表示，於租賃關係終止時，應償還其費用。但以其現存之增價額為限」，往往會使法律人陷於困惑，必須小心適用。吾人可以試想：房東將房屋出租速食店，速食店當然會做適當裝潢，而自也為房東所許可，則在租賃契約終止後，速食店若可以向房東主張裝潢費用的償還，豈非荒謬！因此民法第 431 條第 1 項的解讀，必須極為小心，應認為當出租人明知承租人支出有益費用而不為反對，故而可以認定出租人有意承受將來該有益費用的償還義務時，民法第 431 條始有適用之餘地。

❺⓿ Palandt/Bassenge, §996 Rdn. 2。但 Canaris 教授 (SchR II/2, S. 289) 卻認為，為保護善意占有人，所以所有權人不能主張強迫得利。

第六章

動產擔保

第一節　質　權

例題 36　【配偶的存摺】──存摺債權設定權利質權

1. A 因積欠卡債，在得其配偶 B 的同意下，以 B 的存摺債權設定權利質權給 C 銀行，取得借款。之後 A 欲清償借款於 C 銀行，但主張 C 銀行必須同時返還存摺。只是此時 B 向 C 銀行表示，必須返還存摺給自己。

   問：C 銀行應返還存摺給誰？

2. A 得到其配偶 B 同意出質 B 的存摺債權於 C 銀行，但因 A 無法清償債務，故 C 銀行欲對 B 的存摺債權行使質權。但存摺銀行 D 卻表示，B 的存摺債權已經根據定型化契約而有 D 銀行的權利質權存在，故主張自己有較優先的權利質權。經查，B 在 D 銀行開戶時，即簽有定型化契約，約定存款客戶就存摺債權設定權利質權給開戶銀行 D❶。

   問：誰對 B 的存摺債權，有較優先權利質權？

說　明

　　質權標的並不限於動產，權利亦可設定質權，稱之為「權利質權」（參照民法第 900 條），且根據民法第 901 條規定：「權利質權，除本節有規定外，準用關於動產質權之規定」。依此，一般人都會有的存摺債權，遂成為重要的權利質權標的，其所會發生的法律問題，學習者不可不會。

---

❶ 參閱台北富邦銀行編號 01-10001-26 的「存款往來約定書」定型化契約第 9 條：「貴行有權將立約人因各項交易所應償付貴行之利息、遲延利息、違約金、手續費等各種費用，自本帳戶之存款餘額扣款或記入帳戶借方，動用質借額度，並授權貴行得隨時就立約人之存款予以抵扣或主張抵銷，以之償付立約人應付貴行之各種款項」。

擬 答

1. C 銀行應將存摺返還於何人？可以參考的條文是民法第 896 條：「動產質權，所擔保之債權消滅時，質權人應將質物返還於有受領權之人」

(1)對「存摺債權」設定「權利質權」的方式

　　「存摺債權」應如何設定權利質權？根據民法第 902 條規定：「權利質權之設定，除依本節規定外，並應依關於其權利讓與之規定為之」，故存摺債權設定權利質權的方式，即應依存摺債權的讓與方式為之。至於存摺債權的讓與方式，根據一般民法規定只須以「讓與合意」為之即可，故「存摺債權」設定權利質權的方式，也僅須以「設定合意」即可以成立，而無須以「交付」存摺為必要❷，因為「存摺債權」並無如同「票據或證券債權」般，具有「債權動產化」效力之故。雖然存摺債權的權利質權設定，不以交付存摺為必要，但根據民法第 902 條準用民法第 296 條規定：「讓與人應將證明債權之文件，交付受讓人」，故不排除存摺債權的質權人，可以請求設質人必須交付存摺（參照民法第 904 條第 2 項）。因此，雖然民法第 896 條僅規定（權利）質權消滅時，質權人應返還質物，但本題擬答以為，於權利質權的情況，質權人自也負有義務，應返還相關的債權證明文件才是，故本題質權人 C 銀行應在質權消滅時返還存摺，是為有理。

　　至於存摺債權的設定，是否必須以通知債務人（銀行）為必要？學說頗有爭議，本題擬答以為，基於權利質權的設定是一物權行為觀之，在物權行為的「公示性」要求下，應肯定通知債務人（銀行）是成立權利質權的要件為宜。但通說❸卻認為根據民法第 297 條的債權讓與規定，通知債務人只是債權讓與的對抗效力，故權利質權的設定，自也無須以通知債務人為必要。

(2)「受領權人」的認定

---

❷　謝在全，《民法物權論（下）》，第 284 頁。不同意見，史尚寬，《物權法論》，第 357 頁。

❸　謝在全，《民法物權論（下）》，第 285 頁。

　　問題是，何人是民法第 896 條的「受領權人」？有學說❹以為，出質他人之物，基於「連鎖占有」的法理❺，只有當出質人相對於質物所有權人，對質物是「有權占有」的情況下，質權人始能將質物（或相關文件）返還於出質人，而無須返還於質物（或相關文件）所有權人。依此，則因本題存摺所有權人 B 已經表明要取回存摺，故出質人 A 已無占有存摺權限，因此 C 銀行應將存摺返還於 B 才是。只是最高法院 37 年上字第 6843 號判例卻認為：「民法第八百九十六條規定動產質權所擔保之債權消滅時，質權人應將質物返還於有受領權之人，所謂有受領權者，係指出質人或其所指定之人而言」，本題擬答亦採此說，否則質權人動輒必須探詢出質人和質物所有權人間的法律關係，勢必有害交易安全，而不利（權利）質權在實務上的成立，並進而不利於融資經濟，因此本題銀行權利質權人應向出質人 A 返還存摺才是。故出質人 A 可以對權利質權人 C 銀行主張類推適用「同時履行抗辯」，唯有當 C 銀行返還存摺於自己時，A 始負有返還借款的義務。

結論：C 銀行應將存摺返還於 A。

2. C 銀行抑或 D 銀行對 B 的存摺債權有較優先的權利質權？該問題取決於，是否 D 銀行取得 B 存摺債權的權利質權，早於 C 銀行的權利質權？

　　⑴因為存摺債權的設質，無須交付占有存摺為必要，因此即使本題 D 銀行並未取得銀行客戶的存摺占有，亦不妨害其可以對銀行客戶的存摺債權成立權利質權。

　　⑵存摺債權的權利質權設定，以當事人的「設定合意」為要件，而本題出質人 B 和質權人 D 銀行間的設定權利質權合意，存在於當 B 在 D 銀行開戶時，所簽下的「定型化契約條款」合意接受就存摺債權設定「權利質權」，而如此的定型化契約條款在存款客戶及銀行間的金錢往來關係上，並不難以想像，故既非是「驚訝條款」（參照消費者保護法第 14 條），亦對存款戶並無過度不適當的不利益，故尚難以認定無效❻。問題是，在 B「合

---

❹　Müller, Sachenrecht Rdn. 2977.

❺　對此概念，請參閱最高法院 101 年臺上字第 224 號判決。

意」設定權利質權給 D 銀行時（即開戶時），B 對 D 銀行尚無債務存在，是否權利質權即可於此時成立？如果基於擔保物權的「從屬性」，則似乎應認為權利質權應直到債權真正發生時，始能成立，但一般意見❼卻認為，（權利）質權亦可以對尚未存在的將來債權為設定，而且立刻成立，因此（權利）質權的次序認定，也應以（權利）質權設定時為準，而非是以將來債權成立時為準，以求充分發揮擔保物權優先清償次序的功能。依此，則本題 D 銀行在 B 開戶時即對存摺債權取得權利質權，而不論債權究竟事後何時成立。

結 論：D 銀行有優先於 C 銀行的權利質權。

題後說明

1.本題 D 銀行接受存款客戶 B 以存款債權設定權利質權，具有實務上的重要性，因為權利質權可以就將來成立的債權預先設定成立，而且權利質權清償次序以設定時點為準，故 D 銀行可以取得優先的權利質權，而避免存款債權人 B 再將該存款債權設定權利質權給第三人所會產生的次序上的不利益。相反地，如果 D 銀行不是一開始就對 B 存款債權取得權利質

---

❻ 參閱 AG Hamburg, WM 1982, 1319。

❼ 參閱最高法院 91 年臺上字第 1955 號判決：「按抵押權係支配標的物交換價值之價值權，與用益物權係支配標的物用益價值之用益權，係立於同等之地位。用益物權既為獨立物權，為使抵押權能發揮媒介投資手段之社會作用，已無斷然否認其亦具有獨立性之必要，是以對抵押權從屬性之解釋不妨從寬。蓋設定抵押權之目的係在擔保債權之清償，則只須將來實行抵押權時有被擔保之債權存在即為已足，故契約當事人如訂立以將來可發生之債權為被擔保債權，亦即其債權之發生雖屬於將來，但其數額已經預定者，此種抵押權在債權發生前亦得有效設立及登記。易言之，抵押權惟有在依當事人合意之內容及登記上之記載無從特定其擔保債權之範圍，或其所擔保之債權有無效、不成立、被撤銷或依其情形無發生可能時，始得謂違反抵押權設定之從屬性」；並參閱德國實務及學說見解：BGHZ 86, 340; Schreiber, Sachenrecht Rdn. 269

權，而是直到 B 真正積欠銀行債務時，始主張就 B 的銀行存款抵銷，則無法避免第三人可能取得的優先權利質權，而緩不濟急。

2.通說認為（權利）質權可以對尚未存在的將來債權為設定，而且立刻成立，因此（權利）質權的次序認定，也以（權利）質權設定時為準，而非是以債權事後成立時為準。相同的法律問題，亦發生在抵押權的設定，例如土地登記規則第 9 條即清楚規定，抵押權也可以就將來的債權為設定登記，而且抵押權次序以登記為準，而非以將來債權確實成立時為準。而實務上對將來尚未發生的債權設定抵押權擔保最重要的例子，即是對定期金給付債權設定抵押權擔保（參照民法第 193 條第 2 項、家事事件法第 100 條第 2 項）。

例題 37 【股東的借貸】──股票設定權利質權

1. A 是某有限公司股東，有五百萬元出資。A 能否以其對公司的權利為擔保，向銀行借貸？應如何為之？

2. 為避免公司財務危機，某股份有限公司 B 欲以其鎖在銀行保險箱內的無記名股票，及不動產資產信託受益證券（參照不動產證券化條例第 7 條第 2 款）為擔保，向銀行借貸。

 ⑴ B 應如何為之？

 ⑵ 是否上述證券所生的利息或是收益分配所得（孳息），亦為擔保所及？

說 明

公司股東以其股票（出資額）出質借貸，是商業行為上的常態，故值得財經法律學習者重視。

擬 答

1. 有限公司出資額的出質

根據民法第 900 條規定，權利質權的標的物以「可讓與之債權或其他權利」為限。而有限公司是一「人合組織」，故其出資額及所代表的股東地位，原則上即不具可讓與性（參照公司法第 111 條），除非得到過半數股東同意，有限公司股東 A 不得以其「出資額」設定質權。而如得過半股東同意以其出質「出資額」，其設定方式根據民法第 902 條規定，應準用相關的公司法對於有限公司出資額讓與規定，故僅須有「設定合意」即可，而不以通知有限公司為必要。

但有限公司的「人合組織」性質，僅限於股東的「出資額」而已，至於股東對公司的盈餘分派請求權，則仍具有自由讓與、處分的可能性，因此有限公司股東 A 可以自由以其盈餘分派請求權為標的，出質借貸（參照公司法第 112 條第 1 項）。而其設定方式，根據民法第 902 條規定，應準用

相關的民法債權（請求權）讓與規定，故須以「設定合意」為必要要件，至於是否必須通知有限公司？則頗有爭議❽。

結論：A 不能出質其「出資額」，但可出質「盈餘分派請求權」。

2.股票及證券的出質

(1)股份有限公司股票或是證券的出質方式，根據民法第 902 條規定，應準用相關的股票或是證券讓與規定。分別說明如下：

①無記名股票

根據公司法第 164 條後段規定，公司無記名股票的讓與，除當事人間的「讓與合意」外，尚須以「交付」股票為必要。而本題 B 基於安全理由，將其無記名股票鎖於銀行保險箱內，故其交付股票方式，可以以交付保險箱鑰匙方式，將其對無記名股票的事實管領力移轉給質權人即可。

②不動產資產信託受益證券

所謂「不動產資產信託受益證券」是指：「受託機構為不動產資產信託而發行或交付表彰受益人享有該信託財產本金或其所生利益、孳息及其他收益之受益權持分之權利憑證或證書」(參照不動產證券化條例第 7 條第 2 款)，而且根據不動產證券化條例第 39 條規定，「不動產資產信託受益證券」是一必要的記名證券，其轉讓應以背書方式為之，依此則不動產資產信託受益證券的設質，也應以背書方式為之 (記明出質事項)，至於通知受託機構，只是對抗要件，而不是必要成立要件。

(2)利息或是收益分配所得可否成為權利質權擔保範圍？

如果是以一般債權設定權利質權，則債權所生的孳息，根據民法第 901 條準用第 890 條第 2 項之規定，亦當然為質權所及，自無疑義。至於股票或證券所生的孳息 (利息或是收益分配所得)，是否亦為質權所及？應以民法第 910 條為斷：「質權以有價證券為標的物者，其附屬於該證券之利息證券、定期金證券或其他附屬證券，以已交付於質權人者為限，亦為質權效力所及。附屬之證券，係於質權設定後發行者，除另有約定外，質權

---

❽　參閱例題 36【配偶的存摺】。

人得請求發行人或出質人交付之」。

結論： B可以交付方式出質其無記名股票，以背書方式出質其不動產信託受益證券。

題後說明

根據證券交易法第43條第2項及第3項規定：「證券集中保管事業保管之有價證券，其買賣之交割，得以帳簿劃撥方式為之；其作業辦法，由主管機關定之。以證券集中保管事業保管之有價證券為設質標的者，其設質之交付，得以帳簿劃撥方式為之，並不適用民法第九百零八條之規定」換言之，權利質權人因帳簿劃撥而取得證券的間接占有地位，也因而取得權利質權，是質權直接支配性要求的突破（參閱民法第885條第2項）。

第二節　所有權保留及期待權

例題 38　【銷路欠佳的名牌仕女包】——所有權保留的價金請求權罹於時效

A 是外國名牌仕女包的零售商，向 B 進口商進貨。因該名牌仕女包單價頗高，故 A 實在無力以現金支付給 B，因此和 B 約定以分期付款方式清償（附條件買賣；所有權保留買賣）。但因該名牌仕女包要價實在昂貴，所以市場不易打開，銷售情況並不好，以至於 A 仍積欠 B 高額貨款，無法清償。而 B 進口商也知道該名牌仕女包在臺不易販售，故也不多為難 A，因此也未加以催告還款。

三年後，B 進口商要結束代理，故向 A 請求返還仕女包，但 A 卻以 B 的價金請求權已經罹於時效為由，拒絕返還。誰有道理？

說　明

出賣人先交付動產標的物給買受人，而以價金全部清償完畢作為買受人取得動產所有權的條件，是為動產擔保交易法第 26 條所謂的「附條件買賣」（或謂「所有權保留買賣」）。明顯地，如此的「附條件買賣」對出賣人極為不利，雖然一旦買受人無法如期清償價金，出賣人仍可以主張解除買賣契約而取回標的物，但終究保護仍嫌不足。

擬　答

B 可能可以根據民法第 767 條第 1 項前段向 A 請求返還名牌仕女包。請求權存在的前提為 B 仍是名牌仕女包的所有權人，而 A 是無權占有人。

1. B 仍是名牌仕女包的所有權人

A、B 間約定，A 必須在價金全部清償完畢後，始能取得名牌仕女包

的所有權，而今 A 尚未清償價金完畢，即使出賣人 B 對買受人 A 的價金
請求權已經罹於時效，但仍不妨礙 B 尚未喪失名牌仕女包的所有權。

2. A 是無權占有

「附條件買賣」的債權契約本身，本可以構成買受人占有買賣標的物
的占有本權，故而對出賣人並不構成無權占有，但如果附條件買賣的價金
請求權罹於時效，是否「附條件買賣」的債權契約本身，仍可以構成占有
本權？則不無疑問：

(1)肯定說

此說❾認為，本題因為出賣人對買受人的價金請求權已罹於時效，故
而出賣人即不得再以買受人給付遲延為由而解除買賣契約，而向買受人主
張返還標的物，因為「給付遲延」的要件必須以「可歸責債務人」為必要
（參照民法第 230 條），而既然債權已罹於時效，債務人就有拒絕給付的權
利，當然就無「可歸責債務人」可言，則出賣人就不能再主張解除買賣契
約，故買受人可以終局占有買賣標的物。而且「附條件買賣」是為保障出
賣人無法取得買賣價金的擔保制度，既然買受人已無價金給付義務，當然
出賣人就無價金擔保的需求，因此買受人也無須返還買賣標的物，其占有
買賣標的物是為有權占有。

(2)否定說

通說❿卻認為，上述肯定說並不符合「附條件買賣」的擔保功能。「附
條件買賣」既是一種擔保制度，就有類推適用其他擔保制度的空間，而根
據民法第 145 條第 1 項規定：「以抵押權、質權或留置權擔保之請求權，雖
經時效消滅，債權人仍得就其抵押物、質物或留置物取償」，如果被擔保債
權已罹於時效，債權人仍可就擔保物取償，是擔保物權從屬性的突破。而
和動產質權同為擔保性質的「附條件買賣」，亦應做相同的效果對待，故即
使是在買賣價金請求權已罹於時效，亦不應排除出賣人仍可以實行「附條
件買賣」擔保，而主張取回標的物。至於民法第 145 條第 2 項：「前項規

---

❾ Wieling, Sachenrecht §17 II 1 d.

❿ BGHZ 70. 96; MünchKomm/v. Feldmann, §223 Rdn. 3.

定，於利息及其他定期給付之各期給付請求權，經時效消滅者，不適用之」，僅指因定期而新生的請求權，例如利息、租金，但卻不包括請求權早已一次發生，只是以分期給付為付款方式的「分期付款買賣價金」❶。此外，尚須注意動產擔保交易法第 29 條的規定：「買受人得於出賣人取回占有標的物後十日內，以書面請求出賣人將標的物再行出賣。出賣人縱無買受人之請求，亦得於取回占有標的物後三十日內將標的物再行出賣。出賣人取回占有標的物，未受買受人前項再行出賣之請求，或於前項三十日之期間內未再出賣標的物者，出賣人無償還買受人已付價金之義務，所訂附條件買賣契約失其效力」。

結 論：因為 A 未能清償價金，故 B 可以向 A 主張名牌仕女包的返還。

---

❶ Jauernig, §197 Rdn. 1。

例題 39　【期待權的善意取得】──承認期待權的必要性

　　A 工廠專門生產小學生用鉛筆。但因財務困難，故將置於某廠房內的整批鉛筆（數以萬計）出售給 B 公司。因 B 公司無適當地點存放，故約定暫時存放於 A 工廠內，並由 B 支付租金（民法第 761 條第 2 項：占有改定）。A 工廠因急需現金，故又將該批鉛筆，以分期付款方式（附條件買賣、所有權保留買賣）出售給 C 公司，並交付之。但該買賣卻被 B 公司得知，而欲向 C 公司主張鉛筆的返還，有無可能？

說　明

　　「附條件買賣」型態是經濟上非常重要的交易方式，指買受人先占有動產之標的物，約定至支付一部或全部價金，或完成特定條件時，始取得標的物所有權之買賣型態。必須強調的是，當事人所約定的停止條件是附在「所有權讓與合意」上，而不是附在「買賣契約」上，因此「附條件買賣」一詞往往會有誤導，故亦有將之稱為「所有權保留買賣」。「附條件買賣」的買受人在給付數期價金後，仍未取得動產所有權，如令動產所有權人（出賣人）仍可自由處分動產，勢必對買受人產生風險，因此學說遂有倡議買受人在此期間可以取得動產所有權的「期待權」；只是「期待權」學說在我國實務及學界仍不普遍，本例題即是在說明，承認動產所有權的「期待權」，自有其必要性及重要性。

擬　答

1.承認期待權的必要性

　　B 公司可以向 C 公司請求返還鉛筆的請求權基礎，可能可以考慮民法第 767 條第 1 項前段，其前提必須是 B 公司是該批鉛筆的所有權人，而 C 公司則是無權占有人。B 公司首先基於和 A 工廠間的「占有改定」（參照民法第 761 條第 2 項），而取得鉛筆所有權，爾後 A 工廠雖再以「附條件買賣」方式將該批鉛筆又讓與 C 公司，但因 C 公司尚未清償價金完畢，故

仍無法主張取得鉛筆所有權，因此 B 公司仍是鉛筆之所有權人，自無疑義。至於 C 公司基於和 A 工廠之間的買賣契約而取得鉛筆的占有，但因 A、C 間的買賣契約占有權限僅是一「債權占有權限」，故不能對抗非債之關係當事人 B 公司，因此除非 C 公司尚有取得其他的物權權限，否則就必須返還鉛筆給 B 公司。於此可以考慮是否 C 公司因「附條件買賣」方式而取得鉛筆所有權的「期待權」？

由本例題即可知，承認動產「附條件買賣」的買受人可以取得動產所有權的期待權，自有其必要，否則任何買受人斷不敢以「附條件買賣」方式，進行動產所有權受讓移轉交易，而承擔價金給付風險。依學說❷見解，當動產「附條件買賣」出賣人基於所有權讓與合意，並將標的物交付買受人占有時（民法第761條第1項），買受人即取得動產所有權的「期待權」，只要買受人清償價金完畢，即會因停止條件成就而取得完整的所有權（民法第99條第1項）。因此動產「附條件買賣」買受人所取得的動產「所有權期待權」本質上就是一個「限定的所有權」（限定物權），是一個「部分短缺的所有權」，故其法律性質是一動產「物權」，自亦有民法第801條及第948條「善意取得」的適用餘地。以本例題而言，C 公司因信賴 A 工廠占有鉛筆，並因而受讓而取得鉛筆的占有，即使 A 工廠已不是鉛筆的所有權人，為民法第118條第1項的無權處分，但不排除 C 公司可以主張可能可以善意取得鉛筆所有權的期待權。

2.善意取得所有權期待權的時點

當動產「附條件買賣」出賣人基於所有權讓與合意，並將動產交付買受人占有時，買受人即取得動產所有權的「期待權」，因此買受人能否主張善意取得所有權期待權的善意時點決定，自也應以此時為準；是故如果買受人在價金尚未清償完畢前，得知動產所有權非屬出賣人所有，則並不妨害買受人仍可以主張善意取得所有權期待權，在此之下，只要買受人繼續清償價金完畢，即可以取得完整的物之所有權。相反地，學說❸有以為，

---

❷　BGHZ 10, 69.

❸　史尚寬，《物權法論》，第 511 頁；謝在全，《民法物權論（上）》，第 423 頁。

「附條件買賣」的買受人必須直到價金清償完畢，而取得完整所有權時都必須是善意，始能主張善意取得動產之完整所有權，明顯不利交易安全，故不為本題擬答所採。

3.所有權期待權構成「有權占有」

至於善意取得物權期待權者，能否對第三人主張「有權占有」，而排除民法第 767 條第 1 項前段的適用？學說則頗有爭議：

⑴否定說

此說⓮以為，縱然買受人 C 可以善意取得鉛筆所有權期待權，但卻仍必須將鉛筆返還於鉛筆所有權人 B 公司，而不能對之主張「有權占有」，因為只要買受人 C 繼續（向 A）清償價金完畢，即可以取得鉛筆的完整所有權，並進而向 B 公司主張取回鉛筆的占有，因此仍會受到完整的保護，故 C 公司並無必要現在對 B 公司主張「有權占有」，而拒絕返還鉛筆標的物給所有權人 B 公司。

⑵肯定說

德國最高法院⓯並無明確意見，僅表示如果買受人幾乎已經要取得標的物所有權時，例如僅剩最後一期價金尚未清償，但卻令之必須返還標的物於物之所有權人，則有違誠信原則。而學說通說⓰以為，善意取得所有權期待權之人，亦可以對物之所有權人主張「有權占有」，而拒絕返還，因為所有權期待權本質上就是一個不折不扣具有占有權限的物權，故而可以對抗第三人。

 ：B 公司不能向 C 公司請求返還鉛筆。

⓮　MünchKomm/Medicus, §986 Rdn. 9.

⓯　BGHZ 10, 69.

⓰　Baur, Sachenrecht §59 V 3a.

例題 40　【新車出車禍】──所有權保留的損害賠償

汽車經銷商 A 以分期付款方式（附條件買賣、所有權保留買賣），出售一部高級房車給 B。但就在三個月後的一次和女友出遊途中，卻被粗心的機車騎士 C 撞毀。

問：C 應向誰為損害賠償？

說　明

在承認所有權期待權的前提下，動產可能會同時存在所有權及其期待權，一旦動產被毀損，侵權行為人應如何進行損害賠償，不無困難。對此相似問題，解題者尚可以參考作者的《債法總論實例研習──法定之債》之例題 49【承租人的費用支出──所有權及租賃權受侵害的損害賠償請求權競合】。

擬　答

C 撞毀汽車，自應依民法第 184 條第 1 項前段的侵權行為規定，為損害賠償。本例題汽車所有權人是 A，故 C 應對之為損害賠償，自無疑義，但因 B 同時取得汽車所有權的期待權，而所有權期待權也是一物權，亦受民法第 184 條第 1 項前段的「權利」保護[17]，故 C 也必須對其所有權期待權因而減損的價值為損害賠償，因此 A 及 B 共同擁有損害賠償請求權。侵權行為人 C 應如何進行損害賠償？學說有數種意見：

1.替代理論（代位物）

此說[18]認為，表面上汽車所有權人 A 因 C 的侵權行為而受所有權滅失的損害，但實則因為 A 已經將汽車交付 B 使用，故據民法第 373 條價金危險就應改由 B 承擔，所以 A 仍可以繼續向 B 請求價金給付，A 終究並無損害可言，自亦無得對 C 主張損害賠償，故只有 B 一人可以向 C 主張侵權

---

[17]　BGHZ 55, 20, 26.

[18]　Hübner, NJW 1980, 729, 733.

行為損害賠償，而且是請求給付整部汽車所有權的價值賠償。而另一方面「附條件買賣」令汽車所有權人 A 可以繼續保有汽車所有權，即是在擔保其對買受人 B 的價金給付請求權，故該擔保功能應繼續存在於損害賠償請求權上，故使 A 就 B 尚未清償價金的部分，取得權利質權。

2.共同債權理論

一說[19]認為，所有權人 A 和期待權人 B 之間應成立連帶債權關係（參閱民法第 283 條），任何一方都可以向 C 請求並接受汽車毀損的全部損害賠償，爾後再根據當事人間的內部關係，分配損害賠償數額。只是連帶債權理論，令一方當事人可以單獨向侵權行為人請求所有權全部毀損的損害賠償，不符合雙方當事人僅具有部分所有權的權利狀態，因此另一說[20]以為，應是在當事人間成立公同共有債權關係（民法第 293 條第 1 項：不可分債權），而由所有權人 A 及期待權人 B 共同向侵權行為人 C 主張損害賠償給付，兩人再依內部關係分配損害賠償金額，而侵權行為人 C 唯必須共同向 A 及 B 為給付，始能發生清償法律效果。只是為保護善意不知有附條件買賣關係存在的第三人 C，本題擬答以為應類推適用民法第 899 條第 3 項規定，只要 C 非因故意或重大過失而不知有附條件買賣關係存在，故單獨向期待權人 B 為損害賠償給付時，C 亦可以免除其責任。

結論： 有鑒於公同共有債權關係，較能簡易解決並保障當事人間的法律權益，故為本題擬答所採。

---

[19] Schwab/Prütting, Sachenrecht §30 II 7.

[20] Palandt/Bassenge, §929 Rdn. 43.

例題 41　【錶商的資金危機】──期待權的存續

　　A 是高級手錶經銷商。某日 B 看中一款最新三問陀飛輪錶新錶，和 A 商議價金，詢問有無分期付款的可能（附條件買賣、所有權保留買賣）。A 表示分期付款只能經由信用卡付款方式，但 B 卻表示自己的信用額度不夠，A 為求業績，無奈只能接受 B 的個人分期付款，雙方並完成定型化契約的簽訂。A 交錶給 B，而 B 也一直準時清償價金。

　　半年後，A 陷入資金危機，其債權人 C 兇惡的催促還款，A 只好向 C 表示，有一款嶄新手錶出售給 B，但 B 早就遲延價金的給付，A 願意將該錶讓與 C 抵債，C 同意之。隔天 C 向 B 主張「給付遲延」解除契約，並請求返還手錶，是否有理？

說　明

　　附條件買賣的買受人在尚未清償價金完畢前，仍未取得動產所有權，因此動產出賣人仍可以有權處分動產，此時買受人權利應受如何保障？是實務上重要的問題。

擬　答

　　C 可以向 B 主張手錶返還的請求權基礎，可能可以考慮民法第 767 條第 1 項前段，其前提要件必須 C 是手錶所有權人，而 B 無權占有手錶：

1. C 必須是手錶所有權人

　　本題因為附條件買賣買受人 B 仍尚未清償價金完畢，故仍未取得手錶所有權，因此出賣人 A 仍是手錶所有權人，當然 A 也就可以繼續將手錶出售並讓與給第三人 C。只是因為手錶在買受人 B 的占有中，因此 A 只能以民法第 761 條第 3 項的「讓與返還請求權」方式（指示交付），讓與手錶所有權給 C。但因為 B 取得手錶所有權的期待權，而基於物權的追及性，該期待權也會隨手錶所有權的移轉於 C，而繼續存在於 C 手錶所有權之上。因此一旦 B 繼續清償價金完畢，B 就可以取得手錶完整的所有權，C 將喪

失所有權地位。而 C 如欲避免喪失手錶所有權的結果，就必須主張自己可能可以善意取得無擔保負擔的手錶所有權。

(1)動產擔保交易法

根據動產擔保交易法第 5 條第 1 項規定：「動產擔保交易，應以書面訂立契約。非經登記，不得對抗善意第三人」，因此本例題 C 可以主張 B 並未將其附條件買賣向有關機關登記，故而不能與之對抗，而主張期待權的存在。

(2)民法動產善意取得規定

只是因為本題 C 是以民法第 761 條第 3 項「讓與返還請求權」方式（指示交付），受讓手錶所有權，換言之，C 是受讓 A 對 B 的返還請求權而取得手錶所有權，因此不排除有類推適用民法債編「債權讓與」相關規定之餘地。根據民法第 299 條第 1 項規定：「債務人於受通知時，所得對抗讓與人之事由，皆得以之對抗受讓人」，以保護債務人原先地位不會因債權讓與而受任何的影響，基於同樣保護請求權相對人的思維，此一規定亦應類推適用到以「讓與返還請求權」方式而受讓所有權者，因此新所有權人都必須接受請求權相對人的所有抗辯才是，故本題擬答以為，手錶新所有權人 C 必須承受該手錶所有權上的 B 的期待權，以保護期待權人 B 的原先地位，不因手錶所有權的讓與而受影響。終究 C 無得主張取得無負擔的手錶所有權。

2. B 必須是無權占有手錶

因為 B 取得手錶所有權的期待權，所以具有占有手錶的權限，而非無權占有。

結 論：C 不能向 B 主張手錶的返還。

例題 42　【製藥工廠】──所有權保留的延長

　　A 是藥品製造工廠，長期和藥品大盤商 B 以附條件買賣（所有權保留買賣）方式供應避孕藥丸。在雙方定型化契約中，清楚約定：「B 可以將藥丸基於一般正常的交易，出售給下游零售商，而 B 所得的價金請求權應立即移轉讓與給 A」。而 B 也總是以附條件買賣方式（所有權保留買賣），和下游零售商 C 進行交易。

　　另一方面，A 也以附條件買賣方式（所有權保留買賣），提供製藥原料給化學工廠 D 製作殺蟲劑，並在定型化契約中約定，因加工製藥原料所生的殺蟲劑所有權歸屬於 A（所謂「加工條款」），但是 D 得到 A 的授權，可以在合於一般正常的交易範圍內，處分殺蟲劑所有權。

1. 某次 B 又將大批藥丸供應給 C，並交付之。只是在 C 尚未完全清償價金前，C 的債權人主張查封該批藥丸。A 應如何主張？
2. D 在製作完成殺蟲劑後，將之出售給農會合作社。因農會合作社總幹事瞭解「所有權保留買賣」制度，遂在契約中要求 D 必須保證自己是殺蟲劑所有權人，並不得將對農會合作社的價金請求權讓與給第三人以避免複雜的法律關係。不久 D 破產，而也未完全清償製藥原料價金於 A。A 應如何主張？

說　明

　　附條件買賣絕對是今日商業交易常態，而出賣人首先交付動產給買受人，但卻尚未完全取得價金，自有交易風險，因此出賣人如何保障自身權益，自是附條件買賣最重要的法律課題。我國動產擔保交易法以動產「登記」制度（參照動產擔保交易法第 5 條第 1 項），企圖保障出賣人權益，但基於動產的數量繁多及難以辨識性，明顯不切實際（例如本題如何對數以百萬計的個別藥丸進行登記？須準備多少的登記紙張？如何特定？），因此本題擬答採德國制度討論，可供解題者參考。

擬答

1. A 可能可以根據強制執行法第 15 條主張「第三人異議之訴」。前提必須 A 仍是藥丸的所有權人

（1）當 A 將藥丸出售並讓與給 B，因為雙方是以「附條件買賣」型態為所有權讓與，因此在 B 尚未完全清償價金前，B 仍未取得藥丸所有權。

（2）因為 B 尚未取得藥丸所有權，所以 B 再為處分給 C，似乎應構成民法第 118 條第 1 項的「無權處分」。但是在一般的附條件買賣中，往往出賣人會同意授權買受人可以在「基於一般正常的交易」下，繼續將標的物讓與給第三人，但買受人必須將出售標的物所得的價金請求權，就買受人尚未清償的部分立即移轉讓與給出賣人（參照民法第 294 條），以求擔保。如此一來，透過買受人的處分，雖然出賣人會失去標的物所有權，但卻也可以取得對第三人的價金請求權而獲得擔保，所以出賣人也樂見如此結果 **❷❶**。

如上所述，因為 A 曾同意授權 B 可以讓與藥丸給第三人，故似乎 B 將藥丸讓與給 C 就是一有權處分行為，因此似乎 C 也就可以根據民法第 761 條第 1 項直接由 A 處取得藥丸的所有權，故致使 A 失去藥丸的所有權。只是本例題大盤商 B 並不是以一般的買賣型態，出售並讓與藥丸給零售商 C，而是又再以「附條件買賣」方式將藥丸出售並讓與給 C。因此本例題一共有兩個「附條件」的所有權讓與行為，一是在 A、B 之間，另一則是在 B、C 之間，故藥丸所有權移轉也就存在兩個可能性：一是如果 B 自己清償價金給 A 完畢，則由 B 取得藥丸所有權；一是如果 C 清償價金給 B 完畢，則 C 可以直接由 A 處取得藥丸所有權。但不論如何，本題因為 B、C 二人都未完成價金清償義務，因此終究 A 並未失去藥丸的所有權。

只是可以考慮的是，A、B 間的「同意授權處分」的定型化契約約定條款：「B 可以將藥丸基於一般正常的交易，出售給下游零售商，而 B 所

---

❷❶　動產擔保交易法第 28 條第 1 項第 3 款卻是規定：「標的物所有權移轉於買受人前，買受人有下列情形之一，致妨害出賣人之權益者，出賣人得取回占有標的物……三、將標的物出賣、出質或為其他處分者」，恰與實務運作相反。

得的價金請求權應立即移轉讓與給 A」，解釋上是否亦及於當 B 以附條件買賣方式，讓與處分藥丸所有權給第三人之情形？如此則 C 就直接可以由 A 處取得藥丸的所有權。而雖然 A 也可以取得對 C 的價金請求權，但卻只是分期付款的價金請求權而已，A 卻已喪失藥丸的所有權，和當初所約定的「附條件買賣」的擔保功能不符，因此實難做如此的解釋❷。故本題終究 A 並未喪失藥丸的所有權❸。

結論：A 可以提起第三人異議之訴。

2. 因為化學工廠 D 破產而無法清償買賣價金給 A，而且 A 也未取得對農會的價金請求權以為擔保，所以 A 考慮根據民法第 767 條第 1 項前段，向農會主張取回殺蟲劑；前提必須 A 是殺蟲劑所有權人

(1)藥廠 A 將製藥原料以「附條件買賣」方式，讓與給化學工廠 D 製造殺蟲劑，但因為 D 尚未清償價金完畢，所以 A 並未喪失製藥原料所有權。

(2)但 D 將製藥原料進一步製造為殺蟲劑，明顯地，殺蟲劑價值要大於製藥原料，所以根據民法第 814 條規定，殺蟲劑加工物的所有權人似乎應歸屬於加工人 D。只是如此結果明顯不利於附條件買賣的出賣人，因此往往雙方當事人會在定型化契約約定中，明訂：「因加工所生的加工物所有權，歸屬於出賣人」（所謂「加工條款」），因此本題的殺蟲劑所有權，如何歸屬，就不無疑問。

①民法第 814 條是強制規定❷

此說認為民法第 814 條是強制規定，加工物的所有權歸屬不能以法律行為直接加以約定，以保護加工物所有權人的債權人利益。因此唯有客觀事實上真正生產加工物者，才是加工人，而本題明顯地化學工廠 D 是為自己利益生產殺蟲劑，故即是殺蟲劑的製造加工人，而不會因為定型化契約

---

❷ BGHZ 56, 34。

❸ 不排除 C 可以善意取得藥丸所有權的期待權，參閱例題 39【期待權的善意取得】。

❷ Wolf, Sachenrecht Rdn. 446, 542.

的約定，就改為是為 A 的利益製造殺蟲劑，故終究應是由 D 取得殺蟲劑的所有權。違反民法第 814 條的定型化契約條款無效（民法第 71 條）。

②加工條款有效❷

通說認為，固然民法第 814 條是強制規定，而不能由當事人直接以法律行為約定加工物的所有權歸屬，但民法第 814 條的「加工人」判斷，卻應以社會觀點及經濟需求為考量，因為明顯地，即使是事實上生產殺蟲劑的工廠工人，都不會有人將之當成是殺蟲劑的生產加工人，按社會觀點，毫無疑問地唯有工廠廠主才是殺蟲劑的加工人。因此通說認為，即使民法第 814 條是強制規定，但也不應排除當事人可以自由約定民法第 814 條的「加工人」是誰。基於通說意見較能保障附條件買賣的出賣人，而且有利於經濟運作，故為本題擬答所採，只是本題 A、D 當事人間的「加工條款」約定：「加工製藥原料所生的殺蟲劑所有權歸屬於 A」，是直接以法律行為決定加工物所有權歸屬，已然違反民法第 814 條的強制規定而為無效（參照民法第 71 條），但根據民法第 112 條規定，卻不排除可以將該無效的約定，「轉換」成：「雙方當事人約定 A 是殺蟲劑的加工人」，故而有效。因此基於該有效的「加工條款」，製藥原料附條件買賣的出賣人 A，取得加工後的殺蟲劑所有權。

(3)而在「加工條款」內，往往附條件買賣出賣人也會同意授權買受人處分加工物，因此本題似乎 D 將殺蟲劑出售讓與給農會，即非是無權處分。但本題農會卻拒絕 D 可以將其價金給付請求債權讓與給 A，因此可能會致使 A 失去擔保，故解釋上應將「加工條款」理解成：「一旦買受人無法將價金請求權讓與給出賣人，則出賣人就不同意買受人的處分行為」。基於如此的解釋，本題化學工廠 D 將殺蟲劑處分給農會，是為無權處分（民法第 118 條第 1 項）。

(4)是否本題農會可以主張民法第 801 條及第 948 條「善意取得」殺蟲

---

❷ BGHZ 14, 114, 117; Baur, Sachenrecht §53 b I 3.；另我國最高法院 91 年臺上字第 2188 號判決對不動產有採肯定「約定起造人」的類似見解，但最高法院 96 年臺上字第 2851 號判決卻改採否定見解。

劑所有權？因為農會一開始即懷疑殺蟲劑是經由附條件買賣及「加工條款」所製造，因此欠缺善意。而且在商業交易中，附條件買賣早就是商界人士耳熟能詳的一般商業習慣，身處商界交易的商人自必須體認此點，農會亦不例外，故而農會不能一方面又拒絕債權讓與，另一方面卻又要主張善意取得，實不值得保護。因此農會終究並無法取得殺蟲劑的所有權，如果農會又將殺蟲劑出售讓與農民，必須負起民法第 956 條的損害賠償責任。

結 論：Ａ可以向農會主張殺蟲劑的返還。

例題 43 　【生產葡萄酒的酒莊】——加工條款的特殊問題

　　Ａ 是生產葡萄美酒的百年酒莊。為釀製美酒，Ａ 必須以附條件買賣方式（所有權保留）向葡萄果農 Ｂ 購買已經發酵的葡萄酒原料，雙方約定，Ｂ 授權 Ａ 在合於一般的交易範圍內，可以處分該發酵的葡萄酒原料。Ａ 並以附條件買賣方式，又向玻璃瓶商 Ｃ 購買精美的酒瓶，雙方並約定，Ａ 販賣葡萄酒所得的價金，必須移轉讓與給 Ｃ，此外亦有「加工條款」約定。

　　Ａ 在酒莊機械化的一貫生產下，完成一批共計五百瓶美酒的製作，市值每瓶三千元，而其中每瓶的發酵葡萄原料值一千元，精美酒瓶值一千元。但因 Ａ 無法售出獲利，故被宣告破產，Ｃ 主張取回該五百瓶已完成的美酒，而 Ｂ 主張自己才是該批美酒的所有權人。問：誰是該批美酒的所有權人？ ❷⑥

說　明

　　「附條件買賣」已是今日商業常見的交易方式。廠商往往以附條件方式取得生產原料以生產製造。因此所生的法律問題，即是新產品的所有權如何歸屬？此一問題在破產或是強制執行時，甚具意義性。

擬　答

　　Ｃ 可以取回該五百瓶已完成美酒的可能主張，是根據破產法第 110 條主張「取回權」，前提必須 Ｃ 是該美酒的所有權人。檢查如下：

1. Ｃ 可能可以根據民法第 814 條的加工規定，取得美酒的所有權

　　⑴本題的葡萄美酒生產，是經過工廠一貫化的生產而完成，故而美酒的成品是直接由「發酵原料」及「酒瓶瓶裝」而直接產製完成，當中並無「中間成品」取得的問題❷⑦。因此所需考慮者，僅在於是否酒瓶所有權人

---

❷⑥　本題取材並改編自德國最高法院判決：BGHZ 56, 88。

❷⑦　BGHZ 56, 88。

C，經由加工製造行為而可以直接取得葡萄酒的所有權。

　　⑵民法第 814 條的要件：

　　①加工人

　　根據民法第 814 條規定，是由加工人取得加工物所有權。至於誰是加工人？根據通說❷意見，可以由當事人加以約定。而本題 A、C 間確實約定有「加工條款」，而以酒瓶所有權人 C 為葡萄酒成品的加工人。

　　②加工物價值顯逾材料價值

　　民法第 814 條規定，唯有加工物價值顯逾材料價值，加工人始能取得所有權。至於「加工物價值顯逾材料價值」何指？則不無疑義，如果依加工規定的立法意旨理解，加工人之所以可以取得加工物所有權，是因為加工行為相較於加工材料價值，對於加工物的附加價值提升具有決定的關鍵性之故，則依此，以本題為例，葡萄酒成品總值三千元，而當中製酒發酵原料值一千元，酒瓶亦是價值一千元，可見加工行為所造成的加工物增值僅有一千元，和其他加工材料相比，具有同等價值，故並無特別明顯超值逾越之處，因此並無民法第 814 條加工規定的適用，故也難謂葡萄美酒所有權，已因民法第 814 條的加工行為而歸屬於加工人 C。

結論：C 並無法因民法第 814 條而取得葡萄酒的所有權，故亦無得主張取回權。

2. B、C 可能可以根據民法第 812 條的附合規定，取得美酒的所有權

　　如上所述，本題並無加工物所有權歸屬問題，但根據民法第 812 條第 1 項附合規定：「動產與他人之動產附合，非毀損不能分離，或分離需費過鉅者，各動產所有人，按其動產附合時之價值，共有合成物」，故本題應由 B、C 二人各根據其動產附合材料價值，取得合成物的共有，即 B、C 二人各取得葡萄酒的應有部分二分之一。

結論：B、C 二人各取得葡萄酒所有權的應有部分二分之一。

---

❷　參閱例題 42【製藥工廠】。

題後說明

　　本題最終 B、C 二人各取得每瓶價值三千元葡萄酒的應有部分二分之一，即每人各取得價值一千五百元，而已經超出兩人的動產附合材料價值（一千元）。因為兩人超值所得五百元部分，是經由酒莊 A 的製酒行為所得，所以不排除酒莊 A 可以對兩人主張民法第 179 條及第 816 條的「耗費型不當得利」，以為求償。

第三節　讓與擔保

例題 44　【紅磚生產工廠】──讓與擔保的善意取得

　　A 是生產紅磚的磚窯廠，以附條件買賣方式（所有權保留）向沙漿供應商 B 受讓一批沙漿，並約定有「加工條款」㉙。在價金尚未清償完畢前，A 為向銀行 C 借貸，遂約定以 A 將來所生產的五千塊紅磚，讓與擔保給銀行 C。

1. 當 A 生產完畢五千塊紅磚後，誰是紅磚所有權人？
2. 在紅磚尚未生產前，C 得知此事。其後 B 破產，C 是否可以在向 B 清償價金後，向破產管理人主張破產法上的權利？

說　明

　　固然動產擔保交易法規定有「附條件買賣」及「信託占有」，而且動產擔保交易法第 5 條第 1 項規定：「動產擔保交易，應以書面訂立契約。非經登記，不得對抗善意第三人」，因此只要動產「附條件買賣」或是「信託占有」的買受人為「擔保」登記，似乎即可以獲得必要的保障。但實則該條文不切實際，因為基於動產的數量繁複及個體不易辨識的特性，動產「登記」制度自只能限於特定的標的物而已，例如船舶、飛機或是汽、機車等等，一般動產的「登記」自有其困難性，例如衛生紙、尿布，或是本例題數以萬計的紅磚如何特定？如何登記？基於一物一物權原則，倘若一片磚塊一個登記行為，必須準備多少張登記簿？殊難想像！此外，一般動產擔保交易行為的「登記」對抗效力，更是會妨礙交易安全，吾人可以輕易試想：哪個購買衛生紙或是尿布的消費者會在逛街購物前，先去相關登記機關查詢有無「動產擔保登記」，以避免買到已經擔保登記的衛生紙或尿布？消費者若不查而買到有動產擔保登記的衛生紙或是尿布，真是情何以堪。

㉙　參閱例題 42【製藥工廠】。

總之，動產擔保交易法的相關規定，實有再檢討的必要，基於本題的動產紅磚無法登記之故，因此本例題擬答並不討論動產擔保交易法的相關規定適用。

擬 答

1.紅磚所有權人的分析

(1) A、B 間的附條件買賣

　　磚窯廠 A 以附條件買賣方式，由 B 處受讓沙漿，但因為 A 尚未清償價金完畢，所以仍未能取得沙漿所有權。

(2) A、B 間的加工條款

　　磚窯廠 A 將沙漿製成紅磚，根據民法第 814 條規定，B 本當失去沙漿所有權，而由 A 取得紅磚成品的所有權，但因為 A、B 間有「加工條款」約定，故而最終由 B 取得紅磚成品的所有權。

(3) A、C 間的讓與擔保

　　①只是 A 在紅磚尚未製成前，即以「讓與擔保」的方式將所製成的紅磚讓與給銀行 C，是否會影響紅磚所有權歸屬，不無疑問。首先，A、C 可以對尚未存在但可得確定的動產標的為讓與合意，自無疑問，至於交付行為部分，則不排除雙方可以「預先的占有改定」（預先的媒介占有關係約定）為之❸⓿，而「讓與擔保」約定的本身即可以成為受讓人及讓與人間的「占有改定關係」，因此只要磚窯廠 A 一生產紅磚完畢，A 是紅磚的直接占有人，而 C 則是間接占有人，雙方即刻完成民法第 761 條第 2 項的交付。問題是，A 所稱生產的紅磚為數眾多，究竟是何者讓與擔保給銀行 C？基於物權特定原則，不無釐清的必要，因此「預先占有改定」關係的 A、C 雙方，有必要明確的特定究竟是何批紅磚為讓與擔保？為求符合特定原則，往往雙方當事人會約定以「特定的倉庫存放的標的物」為讓與擔保對象，以求符合物權特定原則。

　　②但本題 A 所讓與給 C 的紅磚，早已因 A、B 間的「加工條款」，所

❸⓿　參閱例題 6【律師取車】。

有權歸 B 所有，因此 C 是基於 A 的無權處分而受讓紅磚所有權，根據民法第 118 條第 1 項規定，C 似乎無法取得紅磚所有權。問題是，C 得否主張民法第 801 條及第 948 條善意取得紅磚所有權？根據民法第 948 條第 2 項規定：「動產占有之受讓，係依第七百六十一條第二項規定為之者，以受讓人受現實交付且交付時善意為限，始受前項規定之保護」，故本題在 C 尚未取得對紅磚的現實占有之前，並無法主張善意取得紅磚所有權。

結論：紅磚所有權屬 B。

2. C 破產法上的主張

⑴民法第 118 條第 1 項

根據民法第 118 條第 1 項規定：「無權利人就權利標的物為處分後，取得其權利者，其處分自始有效」，因此如果銀行 C 以民法第 312 條第三人清償地位，代磚窯廠 A 向沙漿供應商 B 為價金清償，自會使 A 溯及取得紅磚所有權，因此 A 所為的讓與擔保無權處分也會發生效力，故 C 可以藉此取得紅磚所有權。

⑵破產法第 108 條的「別除權」

雖然 C 取得紅磚的所有權，但是根據通說**❸❶**意見，C 所得對破產債務人主張者，並非是破產法第 110 條的「取回權」，而是破產法第 108 條的「別除權」，蓋因在破產的情況下，C 不能一方面要主張取回紅磚所有權，另一方面又要主張債務人必須清償全部價金。基於讓與擔保仍是一種物權擔保制度，因此就應如同其他擔保物權般，讓與擔保的動產受讓人所得主張者只是「別除權」，而可以向破產管理人主張就動產標的物優先受償。

結論：C 可以主張別除權。

---

❸❶　Schwab/Prütting, *Sachenrecht* §34 VII 1.

例題 45　【爛貸的成衣廠】——讓與擔保兩次

1. 某成衣廠 A 以附條件買賣方式，向紡織工廠 B 購買紡紗材料。但因近來成衣外銷成績不佳，A 急需向銀行 C 貸款，在未告知 C「附條件買賣」事實下，以該批紡紗材料讓與擔保給 C（民法第 761 條第 2 項）。因為 A 資金不足，故又欲以同批紡紗材料向銀行 D 借款，但因 D 知道該批紡紗材料存有「附條件買賣」的尚未清償價金，故堅持必須取得 B 明示同意將對 A 的「返還請求權」讓與給 D 之後，才會放款。A 在說服 B 之後，B 向銀行 D 表示，願意讓與返還請求權給 D（民法第 761 條第 3 項），因此 D 取得該批紡紗材料所有權的「讓與擔保」。但因 A 無法清償對銀行 C 的借貸，故將紡紗材料交付於 C（現實交付）。

　　問：D 得知此事，向 C 請求返還紡紗材料，是否有理？

2. 某糖廠 E 有一批黑糖儲放在 L 的倉庫。E 將該批黑糖以附條件買賣方式出售並讓與給 V。因為 V 資金緊迫，在給付幾期價金給 E 後，就向 K 偽稱，自己有一批黑糖寄放在 L 的倉庫，以「讓與返還請求權」方式讓與黑糖所有權。待 K 向 L 請求交付黑糖時，L 一方面半信半疑開立倉單給 K，另一方面基於心裡害怕因素，同時向 E 通知此事，並表明自己為 E 占有黑糖，靜待 E 的進一步指示。

　　問：誰是黑糖所有權人？

說　明

　　讓與擔保的受讓人（債權人）並未取得擔保物的占有，而是仍由讓與人（債務人）占有擔保物，如此自不排除讓與人會將動產擔保物再次處分，而有害受讓人的權益，如何保護讓與擔保受讓人的權益，有待繼續討論。同樣地，基於紡紗材料的不易登記性質，故本題仍不討論動產擔保交易法第 5 條第 1 項規定。

擬　答

1. D 銀行可能可以向 C 銀行請求返還紡紗材料的請求權基礎，可以考慮的是民法第 767 條第 1 項前段，而關鍵在於 D 銀行是否取得該批紡紗材料的所有權？雖然 D 銀行由 B 處根據民法第 761 條第 3 項，以「讓與返還請求權」方式（指示交付）受讓紡紗材料所有權，但問題是 A 之前已經將該批紡紗材料以「占有改定」方式「讓與擔保」給 C 銀行，是一無權處分（參照民法第 118 條第 1 項），而且之後 A 又將該批紡紗材料現實交付給 C 銀行，故 C 銀行可以根據民法第 801 條及第 948 條第 2 項而善意取得紡紗材料所有權，因此終究 D 銀行會因 C 銀行的善意取得，而失去其對紡紗材料的所有權。

結　論：D 銀行無法對 C 銀行主張紡紗材料的返還。

2. 因為 V 不是黑糖所有權人，所以其處分黑糖所有權給 K 即是一無權處分行為，因此 K 取得所有權的可能，即是根據民法第 801、948 條主張善意取得。問題是，K 必須至少基於「讓與返還請求權」而取得黑糖的間接占有，故而其占有才受有善意保護的必要，但本例題 K 有無取得至少間接占有的地位，則不無疑問，德國通說❸❷採肯定見解，因為 L 開立倉單給 K，即表示承認並使 K 取得間接占有地位，雖然由 L 的行為可知，L 並未放棄承認 E 是黑糖的間接占有人，如此就同時存在兩個黑糖的間接占有人，但是法律上直接占有人是無法同時為數個同位階的間接占有人占有標的物；換言之，法律上不能存在有數個同位階的間接占有人，因此根據通說見解，只要直接占有人 L 和 K 建立起第二個間接占有關係，E 的第一個間接占有關係即告消滅，故不排除以「讓與返還請求權」方式取得間接占有的 K，可以主張善意取得黑糖的所有權。但少數說❸❸卻以為，不排除法律上可以成立數個位階相同的間接占有人，但因為本例題所有權人 E 仍並

---

❸❷　RGZ 135, 75; Palandt/Bassenge, §934 Rdn. 4.

❸❸　Medicus, BürgR Rdn. 558.

未喪失其間接占有地位，所以即是善意受讓人 K 以「讓與返還請求權」方式同時取得間接占有地位，卻仍無足夠的善意取得信賴保護基礎❸，因此除非 K 由 L 處取得黑糖的事實上管領力（現實交付），否則就無得主張善意取得。

　　對於上述爭議，本題擬答採通說見解，因為以「讓與返還請求權」受讓黑糖所有權的 K，實無法預見黑糖先前的占有狀態究竟如何，故自有受善意保護之必要，因此 K 可以主張善意取得黑糖所有權。即使之後 L 又將黑糖交付給 E，但因 L、E 兩人間並無讓與合意存在，故 E 仍無法主張可以取回黑糖的所有權。

結 論：黑糖所有權屬 K 所有。

---

❸　參閱例題 8【冷凍倉儲裡的牛肉】。

第七章

不動產擔保

例題 46 【第二胎抵押權】——抵押權的從屬性及流抵約定

1. A 向 B 借貸兩百萬元，並將 A 名下的一筆土地設定普通抵押權給 B。之後 A 清償完畢，但在代書的建議下，並未塗銷普通抵押權登記，因為 A、B 二人想將該筆抵押權，繼續使用到下一次的借貸。

   之後 A 向 C 借貸，並就同一筆土地設定第二次序普通抵押權。只是不久 A 又有金錢需要，故必須向 B 的小孩 D 借貸兩百萬元，故 A、B 二人遂合意將第一次序普通抵押權擔保的兩百萬元債權讓與明知該事實的 D，並完成抵押權移轉登記，同時取得借款。C 得知此事，請求塗銷 D 的第一次序普通抵押權登記，是否有理？

2. E 將其土地設定第一次序普通抵押權給銀行，並約定有「流抵約定」，並完成登記；若 E 的第二次序普通抵押權人及一般債權人欲對該土地強制執行。

   問：何謂「流抵約定」？銀行又應為如何主張？

🌀 說 明

實務上，債權人為節省代書及登記費用，往往在代書建議下，於清償貸款後，卻不塗銷（普通）抵押權，以為日後再借貸，是否可行？此外物權法修正增訂「流抵約定」，就法律理論上而言，不無疑問，就實務運作上，亦是困難重重。

📋 擬 答

1. C 可能可以根據民法第 179 條的「不當得利」或是民法第 767 條第 1 項中段及第 2 項的「抵押權受妨害」，請求 D 必須塗銷第一次序普通抵押權登記。前提是，D 必須並未取得第一次序普通抵押權

   在 A 清償借貸金錢給 B 後，A、B 間的借貸關係消滅，基於擔保物權的從屬性性質，似乎 A、B 間的普通抵押權不待塗銷，也應消滅才是。問題是，A、B 間之所以不願去塗銷抵押權登記，其目的是要保存兩人間的

抵押權次序，以有利於將來的借貸，是否基於如此的目的，故而可以肯定兩人間的普通抵押權仍然繼續有效存在，而為物權法相關規範所許可？對此，本題擬答採肯定見解，因為對於尚未存在的將來債權預先「登記」成立普通抵押權，本就是物權法相關規範所許可，最高法院 91 年臺上字第 1955 號判決亦有相同的見解❶。而本例題 A、B 不塗銷第一次序普通抵押權的目的，即是著眼於要對將來兩人可能的借貸關係，預為保存普通抵押權的次序，因此尚難以違反「擔保物權的從屬性」為由，而主張該普通抵押權必須被塗銷。固然「最高限額抵押權」制度也有「保存抵押權次序」的功能，而不至於在債之關係消滅後隨之消滅，但因「最高限額抵押權」和「普通抵押權」仍有不同的功能性考量，例如最高限額抵押權人實行抵押權時，必須舉證債之關係存在及具體確定數額，而普通抵押權人實行抵押權時，卻無須舉證債之關係存在，相反地，抵押人必須舉證債之關係已因清償而消滅，以阻礙抵押權的實行。基於如此不同的功能性考量，故即使普通抵押權人在債之關係消滅後，不塗銷普通抵押權以求保存該普通抵押權的次序，實亦難以「規避最高限額抵押權」的「脫法行為」為由，而否定該普通抵押權的存在效力。依此，本例題 A、B 兩人在借貸關係消滅後，不塗銷普通抵押權，以求其第一次序的保存，之後更將「借貸債權」連同「第一次序普通抵押權」讓與給第三人 D，實現當初不塗銷（第一次序）普通抵押權的目的，故 C 尚難以擔保物權的「從屬性」為由，請求 D 必須塗銷第一次序普通抵押權登記。

結論：C 不能請求 D 必須塗銷第一次序抵押權登記。

2. 流抵約定

⑴流抵的成立

所謂流抵者，指抵押權人和抵押人約定，在抵押債務未受清償時，抵押權人可以向抵押人主張取得抵押物所有權的抵押權內容約定。「流抵約定」本為舊民法第 873 條第 2 項所明文禁止，以避免抵押權人（債權人）

---

❶ 參閱例題 36【配偶的存摺】。

趁債務人的經濟危機，牟取不正當財產利益；但新增訂民法第 873-1 條第 1 項卻承認流抵約定的效力：「約定於債權已屆清償期而未為清償時，抵押物之所有權移屬於抵押權人者，非經登記，不得對抗第三人」。必須說明的是，既然流抵內容為抵押權之一部❷，則依物權公示原則，流抵約定自也必須以登記為「成立要件」，但觀民法第 873-1 條第 1 項原文卻是以流抵登記為「對抗要件」，令人不解。

　　只是根據民法第 873-1 條第 2 項規定，民法僅有限制承認「流抵」：「抵押權人請求抵押人為抵押物所有權之移轉時，抵押物價值超過擔保債權部分，應返還抵押人；不足清償擔保債權者，仍得請求債務人清償」，換言之，抵押權人不能無條件取得流抵不動產的所有權，而必須就抵押物價值超過擔保債權部分，返還於抵押人。表面上似乎如此即可以保護抵押人（債務人）的利益，但其實如果抵押權人真的想取得該筆土地所有權，就應和其他第三人般，在拍賣時競價，並進而提升土地的拍賣價值，以利所有債權人的清償，但如果同意流抵抵押權人自始就無須透過拍賣競價而可以取得土地所有權，對於抵押人或是其他債權人皆為不利，也會因而阻礙第二次序抵押權的設定意願，而有礙市場融資活動。

(2)流抵的實行及效力

　　至於流抵如何實行？民法第 873-1 條並未有清楚規定。雖然原文謂：「抵押權人請求抵押人為抵押物所有權之移轉」，但本題擬答以為，不宜將之理解為抵押權人可以根據民法第 758 條，「請求」抵押人必須將抵押物所有權移轉登記給抵押權人，因為抵押權乃是一具有直接支配力的物權，而不是「請求權」。因此本題擬答以為，流抵的實行應如同抵押物拍賣般，必須透過強制執行程序為之，在抵押權人向法院支付「抵押物價值超過擔保債權部分」，法院發給抵押權人權利移轉證書同時，抵押權人自此刻起，始取得抵押物所有權（參照強制執行法第 98 條第 1 項）。而也唯有透過強制執行程序實行流抵，由法院認定「抵押物價值超過擔保債權部分」數額，才不致發生爭議，而有損抵押人或是其他債權人利益。物權法修訂承認流

❷　參照民法第 873-1 條的立法理由。

抵制度，但卻未明訂相關流抵實行程序，有必要再修法加以釐清。

　　一旦流抵約定經登記成為抵押權內容，土地所有權的受讓人即必須接受該流抵約定（參照民法第 873-1 條第 1 項）。同樣地，第二次序抵押權人或是其他一般強制執行債權人，也必須接受第一次序抵押權人的實行流抵主張；而因為第一次序抵押權人的抵押物價值超過擔保債權返還金錢部分，就經濟觀點是原抵押物的「替代」（代位物），故第二次序抵押權人或是其他一般強制執行債權人，自可以對該金錢主張（第二次序）受償❸。

結 論： 銀行基於流抵約定，在向法院支付「抵押物價值超過擔保債權部分」，同時法院發給抵押權人權利移轉證書，取得抵押物所有權。

---

❸　感謝東吳大學研究生王智灝先生所提出的精彩問題。

例題 47 【盡孝道的兄長】──土地分割形成共同抵押

A、B 兩兄弟共有一塊價值六百萬元的土地，各有應有部分二分之一。A 兄為盡孝道，故以其土地的應有部分，為父親的三百萬元債務設定抵押給銀行。A、B 二人之後協議分割該筆土地。於該債權清償期屆至，父親無法清償債務時：

1. 銀行如何實行抵押權？A、B 二人法律關係如何？
2. 如果 A、B 兄弟二人同意以整筆土地為父親擔保，而 A 兄另外又負起三百萬元保證人責任，又如何？

說 明

本題結合物權法新修正的分割及共同抵押問題，說明修法的內涵及適用上的問題。

擬 答

1.銀行抵押權的實行

⑴銀行抵押權的變化

A 兄以其土地的應有部分二分之一，設定抵押權給銀行，之後土地分割，抵押權應如何存在？就此，物權法修訂時，頗有爭議。本題擬答以為，應有部分所有權人因分割取得分割物，該分割物就經濟觀點即是原應有部分的續存，換言之，即是原應有部分的「替代」（代位物、代充物），因此原應有部分的抵押權自也應僅就抵押人的分割物而存在，而不能及於其他共有人的分割物才是。但是民法第 824–1 條第 2 項增訂卻規定，抵押權繼續就全部分割物而存在：「應有部分有抵押權或質權者，其權利不因共有物之分割而受影響」，結果就會造成 A、B 二人所分得「一人單獨所有權」的分割物上，卻有「應有部分」抵押權的奇異現象。但不論如何，根據物權法的規定，本題銀行可以主張對 A、B 二人所分得的分割物，主張存在應有部分二分之一的抵押權，而形成共同抵押（參照民法第 875–1 條）❹。

⑵ A、B 的內部關係

在銀行實行抵押權求償後，共同抵押人即會有內部相互求償的必要。根據民法第 875-4 條第 1 款規定，非債務人而抵押物被拍賣，抵押權人就該抵押物賣得價金受償之債權額超過其分擔額時，該抵押物所有人就超過分擔額之範圍內，可以向另一抵押人求償。故本題 A、B 二人根據民法第 875-2 條第 1 款規定，在未限定各個不動產所負擔之金額時，依各抵押物價值之比例，計算決定內部分攤金額，似乎應各自分攤一百五十萬元才是（三百萬元之半數）。只是如此結果自是不合理，因為 B 弟根本自始未曾以土地應有部分，為父親債務設定抵押，B 弟的內部分擔責任，純是民法第 824-1 條第 2 項修訂之後的奇異結果。因此本題擬答以為，既然事實上只有 A 兄以其應有部分為父親債務設定抵押，故應類推適用民法第 875-1 條規定：「拍賣之抵押物中有為債務人所有者，抵押權人應先就該抵押物賣得之價金受償」，而僅應由 A 兄一人內部承擔起所有清償責任，並由 B 弟根據民法第 852 條向 A 兄主張權利瑕疵擔保責任，請求 A 兄必須賠償銀行因實行抵押權，拍賣 B 弟所得分割土地的損害。

結論：A 兄應承擔抵押物被拍賣的責任，而不能向 B 弟內部求償，且必須對 B 弟負起權利瑕疵擔保責任。

2.抵押權人也是保證人的內部分擔責任範圍

對於既是抵押權人也是保證人的內部分擔範圍，民法未有規範，有以下幾種見解：

⑴最高法院 99 年臺上字第 1204 號判決

該判決認為，人保是負無限清償責任，而物保只是負有限清償責任，因此同一人既為物保又為人保時，人保責任自然會吸收物保責任，故只要以其人保責任，計算內部分擔範圍即可：「至抵押人兼為連帶保證人者，因

---

❹ 當然 A、B 二人也可以向法院聲請裁判分割，並告知抵押權人參加訴訟。之後共有物因法院裁判分割，根據民法第 824-1 條第 2 項但書規定，抵押權就只移存於抵押人所分得部分。

連帶保證人係以其全部財產對債權人負人的無限責任，已包含為同一債務設定抵押權之抵押物，故僅須負單一之分擔責任，始為公平」。依此，則本題僅須計算 A 兄的人保責任及 B 弟的物保責任即可，故兩人內部僅須就一百五十萬元各自負責，並相互求償。

⑵少數說

　　另一說以為，應先將所有的物保及人保責任區分成兩大群體，計算兩大群體應分擔責任，如有「全體物上保證」，則應以各抵押物價值合計為基礎計算，如有「共同保證」則也應僅一個擔保債權額為計算基礎，再就各群體內的當事人分配責任。以本題而言，首先應分成 A 兄、B 弟的物保責任及 A 兄一人人保責任的兩大群體，計算兩大群體應分擔的責任，並根據民法第 879 條第 2 項規定：「債務人如有保證人時，保證人應分擔之部分，依保證人應負之履行責任與抵押物之價值或限定之金額比例定之。抵押物之擔保債權額少於抵押物之價值者，應以該債權額為準」，結果本題「物保責任群體」及「人保責任群體」比例分擔應 1：1，因此 A 兄 B 弟應基於一百五十萬元的物保群體責任，依兩人的應有部分分配，故 A 兄 B 弟必須各負起七十五萬元物保的內部分配責任，而 A 兄尚且必須對自己的人保負起一百五十萬元責任，故 A 兄總計必須分擔二百二十五萬元責任，而 B 弟則僅須負起七十五萬元責任即可。

⑶擬答意見

　　本題擬答以為，最高法院的「人保吸收物保」見解，似乎忽略其實物保責任原則上是重於人保，例如債權人可以對物保主張優先受清償，但卻無法對保證人財產主張優先受償；此外，按民法第 145 條第 1 項規定，物保人無得根據「從屬性」，向債權人主張主債務上所有的抗辯（消滅時效抗辯例外），但保證人卻可以根據「從屬性」，就所有主債人的抗辯對債權人主張（參閱民法第 742 條第 1 項）。基於如此理由，本題擬答以為，人保責任並未發生吸收物保責任結果，故最高法院意見並不足採。而少數說將「全體物上擔保」及「共同保證」區分成兩大群體，分別計算應分擔數額，則會在以下情形發生計算上的麻煩：例如 A 兄願意對三百萬元債務負保證責

任，而 B 弟則僅願意就一百萬元債務負起保證責任，則 B 弟內部分擔額應如何認定及計算？如果要 B 弟就外部三百萬元債務額度比例，負起內部分擔責任，實不合理。

　　基於上述理由，本題擬答以為，物保及人保責任應不分群體，亦無須考量吸收效果，而分別單獨計算責任，故本題 A 兄及 B 弟必須就其物保的應有部分比例（六百萬元之半數）及人保責任（三百萬元），負起 2：1 的責任，即 A 兄應分擔兩百萬元，B 弟則是分擔一百萬元❺。

結論：A 兄應內部分擔兩百萬元，B 弟則須分擔一百萬元。

---

❺　相同結論，林誠二，〈多數保證人與物上保證人間之責任分擔計算方式〉，《台灣法學雜誌》，第 214 期，第 142 頁。

例題 48 　【魚塭的魚】──抵押權的範圍

　　A 想要在其鄉下土地闢設魚塭，遂向土地銀行以低利率借貸資金，而將土地設定抵押權於土地銀行。又因欠缺資金，所以只能將所購得的魚苗讓與擔保給 B。

　　半年後，A 無力還款於土地銀行及 B。土地銀行通知 A 準備實行抵押權，A 心灰意冷之餘，遂決定停止養殖。A 為清償債務，賣出一批魚群給 C 並交付之。一星期後，土地銀行查封（扣押）土地實行抵押權，準備拍賣魚塭及剩餘的魚群。

　　問：土地銀行應如何主張抵押權？ B 及 C 應如何抗辯？

說　明

　　抵押權的客體效力範圍，是一個非常複雜的問題，請解題者耐心分析本題。

擬　答

1. 土地銀行的主張──民法第 862 條

　　土地銀行可以對土地（包括魚塭）主張實行抵押權，自無疑義。問題是，土地銀行可否對魚群也一併主張是抵押權實行的範圍？ 民法第 862 條規定：「抵押權之效力，及於抵押物之從物與從權利」，並不論從物是在抵押權設定之前或之後產生，都是抵押權範圍所及[6]，且根據民法第 68 條第 1 項的從物定義：「非主物之成分，常助主物之效用，而同屬於一人者，為從物」，依此，就魚塭的經濟目的而言，自是旨在養殖並將魚貨出售牟利，因此魚塭和魚群自有經濟上的一體性，故魚群構成魚塭的從物，因此本題土地銀行主張魚塭的魚群為抵押權效力所及，似乎自是有理。

2. B 的主張──民法第 863 條

　　只是 B 可能可以主張因為已經取得魚群的所有權，所以可以對土地銀

---

[6]　謝在全，《民法物權論（中）》，第 407 頁。

行的抵押權實行，主張強制執行法第 15 條的第三人異議之訴。雖然 A 的魚群已是土地銀行抵押權的效力所及，但是抵押權的存在並不妨礙抵押人可以繼續自由讓與處分抵押物（參照民法第 867 條），因此本題 B 確實經由民法第 761 條第 2 項的「占有改定」取得魚群的所有權。問題是，B 得否主張民法第 68 條的從物概念，是以「主物、從物同屬一人」為必要，而既然 B 已經取得魚群的所有權，當然魚群就不再是魚塭的從物，因此自也就非魚塭抵押權效力所及？本題擬答以為，民法第 867 條規定：「不動產所有人設定抵押權後，得將不動產讓與他人。但其抵押權不因此而受影響」，展現抵押權的追及性，強調抵押權不因所有權人的變動而消滅，此外民法第 863 條更規定：「抵押權之效力，及於抵押物扣押後自抵押物分離，而得由抵押人收取之天然孳息」，基於條文的立法意旨及反面解釋，可知「扣押前」、「讓與」（不得由抵押人收取）及「分離」三要素❼，是判斷抵押物客體範圍的重要標準，因此從物雖在扣押前已讓與他人，但只要尚未自抵押物分離者，抵押權效力也並不消滅，否則抵押權不會因主物所有權讓與第三人而消滅，但抵押權卻會因尚未由主物分離的從物所有權讓與第三人而消滅，價值判斷上不無疑問，也有違主物、從物經濟一體性的價值判斷，因為本題如將魚群排除於魚塭拍賣之外，魚塭經濟價值勢必會深受影響。故本題 A 雖將魚苗所有權以民法第 761 條第 2 項的「占有改定」方式讓與擔保給 B，但因為該批魚苗所長成的魚群仍尚未由魚塭分離，因此即使 B 確實取得魚群所有權，但卻仍為抵押權效力所及❽。另外，B 也不能主張善意信賴抵押權登記內容僅指「魚塭」本身，而未登記「魚群」，故其善意自有受保護必要，而可以善意取得無抵押權負擔的魚群所有權。只是本題擬答以為，對於已登記的抵押權，並無善意信賴保護適用餘地，第三人 B 必須理解魚群可以構成魚塭的從物，進而也必須進一步計算魚塭抵押物上的抵押權亦及於從物魚群才是。

---

❼ 參閱德國民法第 1121 條第 1 項。

❽ B 應向 A 主張買賣權利瑕疵擔保。

：B 無得對 A 的抵押權實行主張第三人異議之訴。

3. C 的主張

⑴民法第 863 條及第 871 條第 1 項

　　同樣 C 也可能可以根據強制執行法提起第三人異議之訴。而不同於 B 的情況，本題 C 卻已經取得魚群的現實交付，換言之，魚群已經由魚塭分離，似乎抵押權效力即應消滅。但是根據民法第 871 條第 1 項規定：「抵押人之行為，足使抵押物之價值減少者，抵押權人得請求停止其行為。如有急迫之情事，抵押權人得自為必要之保全處分」，而從物由抵押物分離，雖非是「足使抵押物價值減損」，但卻也是明顯會損及抵押權人的經濟利益，而不利於抵押權人，故本題擬答以為，抵押權人自可以類推適用民法第 871 條第 1 項規定，於急迫時可以向法院提起假處分，禁止從物所有權人取走從物，以為保全手段❾。但如果從物已經由抵押物分離，而不及採取保全手段，則抵押權人除可以對抵押人進一步根據民法第 872 條為主張外，抵押權人（土地銀行）也可以對魚群的所有權人 C，主張民法第 184 條第 1 項前段的侵權行為，要求 C 必須返還魚群，如果魚群已經被 C 出售，則 C 必須負起金錢的損害賠償責任。

⑵民法第 862–1 條第 1 項

　　只是民法第 862–1 條第 1 項又規定：「抵押物滅失之殘餘物，仍為抵押權效力所及。抵押物之成分非依物之通常用法而分離成為獨立之動產者，亦同」，條文旨在避免使抵押物因抵押的設定而阻礙其經濟效益，故凡是因抵押物的通常用法而分離的成分，即不為抵押權效力所及，以鼓勵抵押人願意繼續對抵押物進行正常的經濟活動。基於該立法意旨，當然民法第 862–1 條第 1 項亦可以適用於因抵押物通常用法而分離的從物，故本題要問的是，A 出售並讓與魚群給 C，是否屬於魚塭抵押物的通常用法？如果採肯定態度，則最終 C 就無須對抵押權人負起返還或是損害賠償責任。對此，一般而言自無疑義，但本題 A 卻是在決定結束養殖後，才將魚群出售

---

❾　參照德國民法第 1135 條立法。

讓與給 C，是否仍是屬於符合魚塭通常用法的經濟行為？則不無疑問。本題擬答以為，既然 A 已經結束魚塭的養殖經營，則將魚塭的魚群出售讓與，即無再有利於魚塭的經營經濟目的，對於魚塭抵押物的永續經營價值保存，即無助益，當然就不宜再將之當成是魚塭養殖魚群的通常用法，故 C 無得主張民法第 862-1 條第 1 項，而必須返還魚群給土地銀行❿。

結論：土地銀行可以請求 C 必須返還魚群，以利於抵押權的實行。

題後說明

如果本題 A 並未停止養殖，而將魚群出售讓與給 C，則即是屬於魚塭的通常用法，C 就可以主張該魚群上的抵押權效力消滅，故亦無須對抵押權人負起返還魚群或是損害賠償責任。但是必須注意強制執行法第 51 條第 1 項及第 2 項的規定：「查封之效力及於查封物之天然孳息。實施查封後，債務人就查封物所為移轉、設定負擔或其他有礙執行效果之行為，對於債權人不生效力」，換言之，民法第 862-1 條第 1 項在抵押物受查封後即無再有適用之餘地，因此一旦魚塭主物受查封，即使是基於魚塭主物通常用法而出售讓與魚群，該魚群仍為抵押權效力所及。

---

❿　BGHZ 56, 298。

例題 49　【失火的民宿】——保險金的責任

　　A 在花蓮經營民宿，因經營不善故將民宿出售讓給 B，並完成預告登記。之後 A 又將民宿設定抵押給銀行 C，在 C 的要求下，A 向保險公司投保五百萬元火險，並通知保險公司有抵押權存在之事。誰知，隔天民宿因不明火災而燒毀。A 通知保險公司得到保險理賠後，將保險金給付給 C，以為清償。

　1. B 得知此事，應如何主張？

　2. 如果保險金的受益人是銀行 C，有無不同？

說　明

　　不動產設定抵押，債權銀行會要求抵押人必須投保火險及地震險，是為常態。一旦發生保險事故，保險公司應如何給付？遂成為物權法考試及實務的重要問題。

擬　答

1. B 可能可以向銀行 C 主張民法第 179 條的「侵害型不當得利」，因為如果 B 有專屬權限可以收取保險金給付，但卻被無收取權限的 C 所受領，則 B 就可能可以主張 C 侵害其「債權的受領權」❶，故必須根據「侵害型不當得利」返還所得的保險金給付。討論如下：

　　⑴ A 因為已經將民宿出售給 B，但卻因民宿燒毀，故陷於給付不能，此時 B 可以根據民法第 225 條第 2 項的「代償請求權」，以保險金是原給付標的物的「替代」（代位物）為由，請求 A 必須讓與其對保險公司的保險金請求權。

　　⑵ 只是 A 卻又將民宿設定抵押給銀行 C，根據民法第 881 條第 2 項規定：「抵押權人對於前項抵押人所得行使之賠償或其他請求權有權利質權，其次序與原抵押權同」，且民法第 881 條第 4 項又規定：「抵押物因毀損而

---

❶　劉昭辰，《不當得利》，第 127 頁。

得受之賠償或其他利益，準用前三項之規定」，而因（火險）保險金給付和因火災而滅失的原標的物間，具有經濟一體性的意義，因此法律上自可以將保險金給付當成是原標的物的「替代」（代位物），故按中肯的通說意見❷，C自可以對 A 的保險金請求權主張權利質權，因此似乎 C 基於該權利質權，相較於 B 的代償請求權，就應有優先受領保險金清償給付的權限才是（物權優先原則）。

（3）但因為 B 已將民法第 348 條第 1 項的民宿所有權移轉請求權，向地政機關聲請為預告登記，並完成登記（參照土地法第 79–1 條第 1 項第 1款），根據土地法第 79–1 條第 2 項：「前項預告登記未塗銷前，登記名義人就其土地所為之處分，對於所登記之請求權有妨礙者無效」，因此上述 C 抵押權人如果可以取得對保險金請求權的權利質權，就會妨礙 B 的因買賣契約所生的「代償請求權」主張，故 C 的抵押權設定不應對 B 發生效力，依此本題擬答以為，終究保險金請求權的受領權限，應專屬於 B 才是。

結論：B 可以對銀行 C 主張侵害型不當得利，請求返還所得的保險金。

2.保險金受益人為銀行 C

因保險金的受益人為銀行，而不是 A，所以 A 就無得對保險金的給付為主張，當然 B 也就不能根據民法第 225 條第 2 項主張「代償請求權」，因此 C 受領保險金給付，對 B 也就無不當得利可言。

結論：B 不可以對銀行 C 主張不當得利。

---

❷ 謝在全，《民法物權論（中）》，第 422 頁。不同意見，江朝國，《保險法論》，第82 頁。

例題 50　【擔保高利貸的抵押權】──無效債權的抵押權擔保

　　A 因公司急需周轉，遂向地下錢莊 B 借款五十萬元，B 趁 A 的經濟急迫情形，索取年利率百分之三十的利息，並以其房屋設定普通抵押權。待借款到期，A 無法清償，B 欲實行普通抵押權，遭 A 拒絕，誰有道理？

　　不久，A 又要向 B 借貸，因前債未還，且新債數額過高，所以 B 要求 A 必須再次設定抵押擔保。A 以同筆土地為「A、B 間所有的現在及將來一切因借貸關係所生的債權債務關係」設定最高限額抵押權，並完成登記。B 得否實行該最高限額抵押權，以滿足 A 先前尚未清償的五十萬元借貸？

說　明

　　抵押權所擔保的債權如果無效，除依抵押權從屬性處理外，是否尚有其他可能？本例題提出討論、練習。

擬　答

1. B 可以實行普通抵押權的前提必須是，B 確實取得該普通抵押權

⑴高利貸借貸債權

　　根據普通抵押權的從屬性，如果 A、B 間的年利率百分之三十借貸契約無效，則普通抵押權亦無得存在，因此 B 即無得實行普通抵押權。只是根據最高法院 29 年上字第 1306 號判例意見認為，違反民法第 205 條的高利貸契約，效果僅是對「超過年利率百分之二十的利息部分無請求權」，換言之，借貸人仍必須給付百分之二十的利息及返還本金，如果債務人無法準時清償，債權人（抵押權人）即可以實行（普通）抵押權。

　　但以今日「零利率」時代來臨的觀點觀之，上述最高法院的意見實難令人接受，故本題擬答以為民法第 205 條不能將之解讀為「只要未超過年利率百分之二十的借貸契約即為有效」，而應認為本條只是訓示民法無論如

何無法接受「超過年利率百分之二十」的借貸契約約定，是對超過年利率百分之二十借貸契約的最低法律效果的訓示，而不是承認年利率百分之二十以下的借貸契約合法性；相反地，是否構成高利貸應隨時參酌市場利率為認定，如有過度高於市場利率的借貸行為（一般以超過一倍為認定），即應認定該借貸行為根據民法第 72 條而無效。有爭議的是，借貸人雖無須償還所約定的高利貸利息（如本題年利率百分之三十），但是否仍必須按一般市場合理利息（例如年利率百分之四點五），繳交給貸與人？但如此結果，不啻將使貸與人無所忌憚，有恃無恐，形同鼓勵自始的高利借貸行為，所以本題擬答傾向採否定見解❸，而認為 A、B 間的借貸契約終究無效，因此地下錢莊 B 無法基於有效的借貸契約，而主張 A 因無法根據民法第 477 條及第 478 條清償利息及返還本金，故要實行普通抵押權。

(2)不當得利請求權

依上所述，A、B 間的高利借貸契約無效，故 A 無須清償利息亦不負返還所借本金給 B 的義務，但 A 卻必須依據民法第 179 條的不當得利，返還所得的借貸金錢於 B。問題是，當 A 亦無力根據不當得利返還所借金錢給 B，B 得否依此而主張實行普通抵押權？對此，學說頗有爭議，有認為借貸物返還請求權和借貸無效所生的不當得利請求權，兩者請求標的實具有經濟一體性，故擔保借貸債權的抵押權亦應及於借貸契約無效所生的不當得利請求權❹，但基於物權的特定原則，本題擬答以為應採否定見解，因為在土地登記簿上所登記的普通抵押權，其擔保範圍僅明示及於當事人間因特定契約所生的債權債務關係而已，如果當事人有意要將抵押權擴大及於因契約無效所生的不當得利關係上，則應明確記載，否則基於物權特定原則，不宜擴大解釋，以避免不利於其他一般債權人或第二次序抵押權人❺。

---

❸ BGHZ 99, 333, 338。不同意見，Koppensteiner/Kramer, *Ungerechtfertigte Bereicherung*, S. 66。

❹ 謝在全，《民法物權論（中）》，第 388 頁。

❺ Baur, Sachenrecht §37 V 2 a.

：B 無得實行普通抵押權。

2. B 可以實行最高限額抵押權的前提必須是，B 確實取得該最高限額抵押權

如上所述，A、B 間以年利率百分之三十借貸五十萬元，該借貸契約無效。但 A、B 卻在事後設定最高限額抵押權，約定以「A、B 間所有的現在及將來一切因借貸關係所生的債權債務關係」為擔保範圍，因該最高限額抵押權所擔保的債權僅限於兩人間的因「借貸」所生的一切債權債務關係，所以並不構成所謂的「概括最高限額抵押權」，因此尚符合民法第 881-1 條第 2 項的要求：「最高限額抵押權所擔保之債權，以由一定法律關係所生之債權或基於票據所生之權利為限」，故為有效。

基於 A、B 間兩人有效的最高限額抵押權約定，且該最高限額抵押權所擔保的債權範圍，包括 A、B 間「現在一切因借貸關係所生的債權債務關係」，因此當然也包括上述 B 現在所擁有的對 A 五十萬元借貸的不當得利返還請求權，因此 B 實行最高限額抵押權，自是有理。

：B 可以實行最高限額抵押權。

參考書目

一、中文文獻

王澤鑑，《民法物權》，2009 年 7 月

史尚寬，《物權法論》，1971 年 11 月 3 刷

姚瑞光，《民法物權論》，1983 年 11 月

鄭玉波／黃宗樂，《民法物權》，2004 年修訂 14 版 2 刷

鄭冠宇，《民法物權》，2010 年 7 月

謝在全，《民法物權論（上）》，2009 年 6 月修訂 4 版

謝在全，《民法物權論（中）》，2009 年 6 月修訂 4 版

謝在全，《民法物權論（下）》，2007 年 6 月修訂 4 版

二、德文文獻

Baur, *Lehrbuch des Sachenrechts*, 14, Aufl., C.H. Beck, München 1987

Gottwald, *PdW Sachenrecht*, 10, Aufl., C.H. Beck, München 1991

Jauernig, *Kommentar des BGB*, 8. Aufl., C.H. Beck, München 1997

Medicus, *Bürgerliches Recht*, 14. Aufl., Carl Heymanns, 1990

Münchener Kommentar zum BGB, Band6, Sachenrecht, 3. Aufl., C.H. Beck, München 1997

Palandt, *Kommentar des BGB*, 65. Aufl., C.H. Beck, München 2006

Schreiber, *Sachenrecht*, 5, Aufl., Richard Boorberg Verlag, Stuttgart 2008

Schwab/Prütting, *Sachenrecht*, 23. Aufl., C.H. Beck, München 1990

Wieling, *Sachenrecht*, 4, Aufl., Springer, Berlin 2001

Wolf, *Sachenrecht*, 9. Aufl., C.H. Beck, München 1990

Administrative Law
法學啟蒙　行政法系列

行政命令　　　　　　　　　　　　黃舒芃／著

　　本書旨在說明行政命令於整個國家法秩序體系中扮演的角色，協助建立讀者對行政命令的基本概念。本書特別著眼於行政命令概念發展的來龍去脈，藉此凸顯相關爭議的問題核心與解決途徑。本書先介紹行政命令在德國憲法與行政法秩序中的發展脈絡，並在此基礎上，回歸探討我國對德國行政命令概念體系的繼受，以及這些繼受引發的種種問題。最後，本書針對我國行政命令規範體制進行檢討，從中歸納、解析出行政命令爭議核心，以及成功發展行政命令體系的關鍵。

地方自治法　　　　　　　　　　　蔡秀卿／著

　　本書內容大致上分為三大部分，一為地方自治之基礎概念，包括地方自治的基本概念、我國地方自治法制之歷史、地方自治之國際保障及地方自治團體。二為住民自治部分，即住民之權利義務。三為團體自治部分，包括地方自治團體之事務、地方自治團體之自治立法權、地方自治團體之自治組織權及中央與地方及地方間之關係。本書除以法理論為重外，並具歷史性、前瞻性及國際性之特色。

行政罰法釋義與運用解說　　　　　蔡志方／著

　　由於行政罰法的內容繁雜，因此需要有一部專業性但不會過於艱澀難懂的「解說書」，來協助大多數的人，去真正認識和理解這一部法規「在什麼地方適用」和「如何適用」。本書針對「行政罰法」逐條就它的意義、可能存在的疑義、不同條文規定間的關係和與其它法規規定的關係，以及實際上要如何運用，用淺顯易懂的白話和輕鬆的口吻，就各條規定所根據的嚴肅法理，作了徹底的解說，適合所有需要認識、理解和適用這一部法規的法律人與一般民眾參考。

Civil Law
法學啟蒙　民法系列

繼　承
戴東雄／著

　　本書共分四編，第一編為緒論，包括：民法繼承編立法之原則、制定、修正及現行繼承法財產繼承之特色等。第二編為遺產繼承人，包括：法定繼承人之範圍、順序及其應繼分、代位繼承之要件與效力、繼承權喪失之事由以及真正繼承人對自命繼承人行使繼承回復請求權等。第三編乃遺產之繼承，包括：繼承人可繼承之標的物範圍、繼承費用、酌給遺產及共同繼承等。第四編為遺產繼承之方法，包括：遺產之分割、繼承之承認、拋棄繼承及無人承認之繼承等。在本書各編之重要章次之後及附錄，並提出實例，以邏輯之推演方法，解決實際之法律問題。

物權基本原則
陳月端／著

　　本書主要係就民法物權編的共通性原理原則及其運用，加以完整介紹。近年的物權編修正及歷年來物權編考題，舉凡與通則章有關者，均是本書強調的重點。本書更將重點延伸至通則章的運用，以期讀者能將通則章的概括性規定，具體運用於其他各章的規定。本書包含基本概念的闡述、學說的介紹及實務見解的補充，更透過實例，在基本觀念建立後，使讀者悠遊於條文、學說及實務的法學世界中。

論共有
溫豐文／著

　　本書分別就共有之各種型態——分別共有、公同共有、準共有以及區分所有建築物之共有等，參酌國內外論著及我國實務見解，作有系統的解說，期使讀者能掌握共有型態之全貌，瞭解共有制度之體系架構。在論述上，係以新物權法上之條文為對象，闡明其立法意旨與法條涵義。其中，對共有制度之重要問題，如應有部分之性質、共有物之管理方法等，特別深入分析，舉例說明，以增進讀者對抽象法律規範之理解，進而能夠掌握其重點，並知所應用。

Civil Law
法學啟蒙 民法系列

保　證
林廷機／著

　　想多了解保證之法律制度，卻因為法律條文太過龐雜，專業之法律教科書又太過艱深，讓您「不得其門而入」嗎？

　　龐雜的法律條文常令剛入門的學習者產生「見樹不見林」、「只知其然，不知其所以然」的困惑。本書以淺顯的用語，引導讀者領略保證契約之「意義」、「成立」、「效力」，並輔以圖示說明當事人間權利義務關係。建立基本觀念架構後，再進一步探究特殊種類保證與實務操作模式，相信您也能成為保證達人！

法律行為
陳榮傳／著

　　本書討論法律行為的基本問題，筆者儘量以接近白話的語法寫作，並降低各種法學理論的爭辯評斷，以方便初學者入門。此外，為使讀者掌握相關司法實務的全貌，筆者在寫作期間蒐集、參考了數百則實務的裁判，並在內文中儘可能納入最高法院的相關判例及較新的裁判，希望藉由不同時期的案例事實介紹，描繪出圍繞著這些條文的社會動態及法律發展，讓讀者在接受真正的法律啟蒙之外，還能有一種身在其中的感覺。

民法上權利之行使
林克敬／著

　　民法主要規範人與人之間的權利與義務，本書專門討論權利之行使與義務之履行。內容不僅介紹民法中之各種權利，也探討了如何行使權利，才不會超過權利應有的界限。司法實務上最容易產生的民法爭議主要集中於權利界限模糊的問題，本書特別論述民法的「誠實信用原則」（民法的帝王條款）與「禁止權利濫用原則」對於處理權利界限模糊所具有的特殊功能，並探討以上兩原則對於人民如何守法、國會如何立法及法院如何進行司法審判所具有之深遠影響。

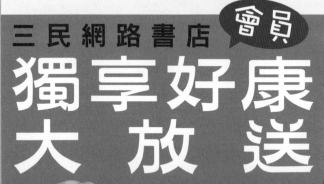